steckandose.com

Sven Thiele

# Liwa – Die Perle der Wüste
## Abu Dhabi Geheimtipp

(c) der Ausgabe:

Sven Thiele, 2018

steckandose.com, London, UK, 2018

1. Auflage 2018

Das vorliegende Werk wurde mit höchster Sorgfalt erstellt. Jedoch übernehmen weder Autor, noch Herausgeber und Verlag Haftung für die Richtigkeit von Angaben, Hinweisen, Ratschlägen und für eventuelle Druckfehler.

Cover: MuellersBüro, Hamburg, Germany

Korrektur und Lektorat: DMR

Grafik: TGR, Hamburg

www.steckandose.com

ISBN: 9781983254482
Independently published

Reichtum ist nicht Geld.
Reichtum liegt in den Menschen.
Sie sind der Ort, in dem die wahre Kraft liegt.

Scheich Zayed bin Sultan Al Nahyan

**W**o es einst Sand, Wüste, flirrende Hitze, kaum Trinkwasser und wenig zu essen gab, stehen heute Wolkenkratzer, Einkaufszentren und Hotels. In den Emiraten gibt es wahrscheinlich mehr Nachtclubs und Restaurants als irgendwo anders auf der Welt, gemessen an der Einwohnerzahl. Glitzer, Blink-Blink, fancy cars, und Pseudo-Wüstenabenteuer-Safaris mit einer Runde Kamelreiten, BBQ mit Beduinen vom indischen Ableger der Bani Yas und bulgarischen „original arabisch" Bauchtänzerinnen stehen für die Meisten auf dem Programm, die heute als Touristen in die Emirate kommen. Eine Glitzerwelt mit unendlichem Reichtum, scheinbar unaufhörlichem Vergnügungen und dem Gefühl, Geschichten aus tausend und einer Nacht zu erleben. Bis zur Finanzkrise ging es stetig aufwärts. Fast jeden Tag wurde in den europäischen Zeitungen über ein neues spektakuläres Projekt berichtet. „Die haben da ja sogar eine Skihalle" oder „Jeder von denen fährt Ferrari" waren meist die Beschreibungen von Leuten, die per Pauschal-Katalog in die Emirate kamen.

Man hörte von den Planungen, eine riesige künstliche Welt unter einer Glaskuppel schaffen zu wollen, in der es jeden Tag schneien sollte. Die Aufregung über die künstlichen Inseln vor der Küste der Emirate war gewaltig.
Eskalation!
Wieso können die denn nicht einfach noch ein bisschen weiter in die Wüste bauen! Das geht doch nicht gut! Jetzt drehen die völlig durch!
Das waren oftmals vorgebrachte Argumente. Und gleichzeitig wurden diese spektakulären Planungen und Projekte mit einer Mischung aus Neid bewundert. Als die Finanzkrise kam, folgten andere Sprüche.

War ja klar, dass all das nur eine Blase war. Jetzt geht ihnen das Geld aus. Nicht mehr lange und die Häuser werden dem Verfall preisgegeben. Will doch keiner mehr dort wohnen, wenn das Geld alle ist. Es gab nicht wenige, die sagten, dass die Araber vom Golf ohnehin wieder in ihren Zelten leben werden, sobald das Öl und Gas nicht mehr fließt. Und dabei hörte man noch mehr Neid heraus.
Wie kann es sein, dass man in den Emiraten keine Steuern zahlt, die Gesundheitsversorgung kostenfrei ist und sogar der Besuch der Universität vom Staat bezahlt wird! Das kann doch alles nicht funktionieren. Aber jetzt werden sie wohl wieder auf den Boden der Tatsachen zurückgeholt. Gleichzeitig kamen in den Medien Meldungen darüber, dass immer mehr Ausländer die Emirate verlassen würden. Dabei, so hieß es, ließen sie ihre Luxuskarossen einfach am Airport stehen und die Behörden kämen gar nicht hinterher, all die Autos abzuschleppen.

Sicherlich, während und kurz nach der Finanzkrise kühlte der Boom in den Emiraten ein wenig ab. Projekte wurde zur Seite gelegt und neu überdacht. Der Motor bekam ein wenig Kühlung.
Aber was heißt schon „in den Emiraten"? Für viele sind die Emirate gleichbedeutend mit Dubai. Viele, die eine Reise per Katalog an das südliche Ufer des Golfs buchen wissen meist gar nicht, dass die Vereinigten Arabischen Emirate aus insgesamt sieben Emiraten bestehen. Dabei hat jedes Emirat seinen eigenen Chef, einen Scheich, der der Familie und dem Emirat vorsteht. Die sieben Emirate erstrecken sich vom südwestlichen Ufer des Golfs bis zur Straße von Hormuz im Osten, ein Emirat liegt am Indischen Ozean. Dabei unterscheiden sich die Emirate untereinander nicht nur gewaltig, auch innerhalb der einzelnen Emirate sind die

Unterschiede groß. Während man in Dubai in so ziemlich jedem Hotel Alkohol serviert bekommt, ist dieser in Sharjah komplett verboten. Denn in Sharjah folgt man der wahhabitischen Strömung des Islam, ähnlich wie in Saudi-Arabien. Im weiter nördlich gelegenen Emirat Ajman wiederum kann man problemlos und ohne Erlaubnis der Behörden Alkohol kaufen. Schwierigkeiten gibt es nur, wenn man mit dem Auto von Ajman über Sharjah nach Dubai oder Abu Dhabi fährt. Wenn man in Sharjah in eine Verkehrskontrolle gerät und die Polizei den Alkohol im Wagen findet, ist es nicht ausgeschlossen, für ein paar Tage hinter schwedischen oder besser arabischen Gardinen zu verschwinden.

Das Emirat Fujeirah liegt am Indischen Ozean und unterscheidet sich nicht nur durch seine geografische Lage von den Emiraten, die am Golf liegen. Es ist das Emirat, in dem man Bullenkämpfe besuchen kann, ein Vergnügen, das man in den anderen Emiraten nicht kennt. Diese haben mit Stierkämpfen in Spanien nichts gemein, die Tiere werden während der Bullenkämpfe auch nicht getötet oder gequält. Vielmehr stehen zwei zentnerschwere Bullen Kopf an Kopf auf einem staubigen Platz von der Größe eines Fußballfeldes und versuchen, sich gegenseitig aus der Arena zu drängen. Kampfrichter auf Campingstühlen und in weißer Dishdasha wachen über den ordnungsgemäßen Ablauf des vielleicht drei oder vier Minuten andauernden Kampfes. Fährt man aus den großen Städten der Emirate hinaus aufs Land, so könnte der Kontrast in Bezug auf das Leben der Menschen nicht größer sein. Auf der einen Seite Glitzer, Lichtreklame und höher, weiter, schneller, auf der anderen Seite harte Arbeit, wie im Emirat Umm al-Quwain, wo die Menschen von Dattelanbau und Fischerei leben.

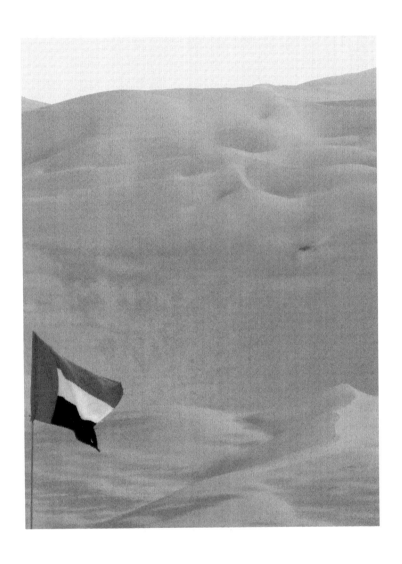

In Dubai Stadt und in Abu Dhabi Stadt, um es genauer zu beschreiben, fiel mir zu Zeiten der Finanzkrise auf, dass die Straßen weniger Verkehr hatten, die alltäglichen Staus verschwunden waren. Wobei es nicht lange dauerte, bis sich das Gleichgewicht wiederhergestellt hatte. Die Staus sind inzwischen zurück, die Städte wieder voll. Gebaut wird wieder oder immer noch. Und es kommen mehr Besucher als zuvor. Wer in die Emirate fährt, um Sonne und Sommer zu genießen, wird es lieben. Wer kommt, um einzukaufen, kann auch überall anders in der Welt eine Einkaufsmall besuchen. Die Welt ist inzwischen so homogen geworden, dass es in den Emiraten genau die gleichen Marken und Waren gibt, wie an jedem anderen Ort auf dieser Welt. Jedoch limitiert man sich selbst, wenn man nur diese eine Seite des Landes kennenlernt. Denn es gibt weitaus mehr zu entdecken, als Glasfassaden, Pools und Indoor-Skihallen oder langweilige Wasserspiele am höchsten Gebäude der Welt.

Interessanterweise ist die Kultur am Golf älter, als die europäische. Auch, wenn die Menschen bis in die Mitte des zwanzigsten Jahrhunderts in Palmwedelhütten lebten und so gut wie keine schriftlichen Aufzeichnungen über ihre Geschichte existieren. Die Lebensumstände in einer lebensfeindlichen Umgebung prägte ihre Erfahrungen, Fähigkeiten, Werte und den Umgang miteinander. Ihre über Jahrhunderte gepflegte Kultur haben sie bis heute bewahrt, auch wenn fast alle ständig am Smartphone zugange sind und zwar sowohl an einem in der rechten und einem anderen in der linken Hand. Gleichzeitig tragen sie bis heute Kleidung, die sie so schon immer oder so ähnlich trugen. Man stelle sich das auf den Straßen Europas vor. Menschen würden heute in Berlin, Hamburg, London oder Paris noch immer im Gehrock spazieren gehen oder ein Korsett, ein langes Kleid und einen Hut tragen. Gut, England mag da eine Ausnahme sein. Ebenso wie vielleicht Baden-Baden zur Rennwoche. Zudem spielt die Familie in der Kultur der Emirate nach wie vor eine wesentliche Rolle, ganz eng verknüpft mit der Religion. Trotz allen Fortschritts leben die Menschen in der Region am Golf weiterhin nach ihren alten Werten. Dazu gehören Dinge, die für Europäer unverständlich sind. Häufig bekomme ich in Gesprächen und Diskussionen über das Leben in den Emiraten solche Argumente zu hören, wie: „Wo ist denn das Problem, oben ohne am Pool zu liegen" oder „Die Frauen müssen sich alle verschleiern. Verstehe nicht, warum die das mitmachen" oder auch „Das geht ja gar nicht, dass Männer zwei Ehefrauen haben können". Für Europäer mag all das seltsam erscheinen. Oft wird aber vergessen, dass es auch gesellschaftliche Restriktionen ähnlicher Art in Europa gab. Diese bestanden zum Teil bis in die siebziger Jahre des zwanzigsten Jahrhunderts hinein. Die meisten Menschen wissen vielleicht nicht mehr, dass Frauen ihren Ehemann fragen mussten, wenn sie eine Arbeit aufnehmen wollten. Autokauf ohne Genehmigung des Gatten? Leider Fehlanzeige. Ja, das gab es in Deutschland und ja, bis in die sechziger Jahre des neunzehnten Jahrhunderts hinein. Und ja, wer sich darüber erregt, dass man, um es vorsichtig auszudrücken, in den Golfstaaten Probleme mit Homosexualität hat, der kann mit einfacher Recherche feststellen, dass auch in Deutschland der Paragraph 175 bis 1994 fester Bestandteil des Strafgesetzbuches war. Dabei hatte Europa eine Aufklärung, Hegel, Kant, Schopenhauer, eine Studentenbewegung und Kämpferinnen für Frauenrechte. Wo stünde Europa heute ohne derartige gesellschaftliche Bewegungen und philosophische Auseinandersetzungen?

Wer sich länger in den Ländern am Golf aufhält und ein wenig mehr Einblick in die die Gesellschaft bekommt, der stellt schnell fest, dass viele Dinge anders laufen, als sie nach außen hin erscheinen. Viele Frauen tragen ihren Schleier freiwillig. Sie betrachten ihn als Schutz ihrer selbst in der Öffentlichkeit. Nicht alle Männer sind mit zwei Frauen verheiratet. Und wenn eine Frau nicht mehr mit ihrem Ehemann zusammenleben will, dann erfolgt die Scheidung schneller, als man in Europa die Telefonnummer eines vernünftigen Scheidungsanwalts herausgefunden hat. Die Werte sind traditionelle. Sicherlich. Das hat mit der jahrhundertelangen Lebensweise als Beduinen zu tun. Es gab keine oder nur kaum Sicherheiten. Niemand wusste, ob es morgen etwas zu essen gab, ob die Tiere ausreichend Wasser haben werden, ob man vielleicht erkranken und nicht vorhandene ärztliche Hilfe in den nächsten Stunden sterben würde oder ob in der kommenden Nacht das Lager überfallen und sämtliche Kamele gestohlen werden.

Selbstverständlich sind sämtliche Gesprächspartner die ich über die Jahre in den Emiraten traf stolz auf das, was sie in und mit ihren Ländern in den letzten fünfzig Jahren erreicht haben. Sie sind ihrem Staat dankbar, dass er ihnen die Gelegenheit gibt, eine Schule zu besuchen, zu lernen und zu studieren. Viele junge Menschen sagen, dass sie ihrem Staat in ihrem späteren Berufsleben etwas zurückgeben möchten. Dass sie alles dafür tun wollen, dass sich die Lebensumstände in den Emiraten noch weiter verbessern.
Am Abend nach einer ausgedehnten Tour durch das Hadjar-Gebirge wollten wir in einem kleinen Supermarkt eines abgelegenen Dorfes Wasser kaufen, als wir plötzlich angesprochen wurden. „Entschuldigen Sie bitte. Kommen Sie aus Deutschland?", fragte eine junge Frau mit Schleier. Uns

fiel fast der Unterkiefer runter, denn ihr deutsch war perfekt und akzentfrei. Wir kamen ins Gespräch und sie erzählte, dass sie in Bremen studiert hatte, um danach in ihrem Land selbst an der Uni zu arbeiten und ihr Wissen weiterzugeben. Ihr sei es wichtig, ihr Land und die Menschen zu unterstützen, die ihr vorher die Möglichkeit gegeben hatten, in Deutschland zu studieren.
Nach dem Gespräch fiel uns auf, dass wir derartiges in Deutschland noch von niemanden gehört hatten.

Eine andere Begebenheit, die mir dazu einfällt, ist die Folgende. Ich war unterwegs im Oman und fuhr langsam durch ein langgestrecktes Dorf. Dabei sah ich Jungen im Alter von vielleicht elf oder zwölf Jahren aus einem Haus, scheinbar eine Schule kommen und sich auf einen an der Straße wartenden Bus zubewegen. Die Jungs trugen schneeweiße Gewänder. Ohne Flecken und Schmutz. Clementine wäre begeistert gewesen, die Dishdasha der Jungen waren „nicht nur sauber, sondern rein". Unter ihrem Arm hielten sie, wie einen Schatz, ihre Schulbücher. Weit und breit war kein Erwachsener zu sehen, der darauf geachtet hätte, dass sie auf dem Weg zum Bus nicht etwa anfangen würden, sich so zu benehmen, wie man es von Kindern in europäischen Großstädten immer häufiger sieht.
Man kann das kritisieren und sagen, dass Kinder und Jugendliche doch mal über die Stränge schlagen sollen oder man kann ein solches Benehmen auch zum Anlass nehmen, über die Veränderungen der Werte in Westeuropa in den letzten Jahrzehnten nachzudenken.

Nicht alle Entwicklungen, die in den Golfstaaten in den letzten Jahrzehnten ihren Weg genommen haben, sind positiv. So erhöhte sich die Zahl der Menschen, die an

Diabetes erkrankten dramatisch. Während man vor noch fünfzig Jahren hauptsächlich einer Mangelernährung aus Fisch, Reis und Datteln ausgesetzt war, so quellen die Supermarktregale heute über. Kohlenhydrathaltige Produkte, zuckerhaltige Erfrischungsgetränke und Fertiggerichten wird der Vorzug gegeben. Kaum jemand geht heute noch lange Strecken zu Fuß oder reitet auf dem Kamel von einer Oase zur anderen. Man nimmt den klimatisierten SUV, um von A nach B zu kommen. Und wenn es zum Briefkasten um die Ecke ist.

**W**er weiß, ob ich jemals nach Liwa gekommen wäre. Jedenfalls musste der Flieger, mit dem ich von der Inselgruppe im Indischen Ozean zurückkam, auf dem Rückflug nach London in Dubai zwischenlanden. Anfang der neunzehnhundertneunziger Jahre war in Europa über die Emirate am Persischen Golf noch nicht viel bekannt. Ein Ferienziel waren sie jedenfalls nicht. Gelegentlich ging in Deutschland das Gerücht um, dass es der Duty-Free Shop sein sollte, den man in Dubai unbedingt einmal besuchen müsse. Damals waren Duty-Free Shops noch etwas Anderes, als man sie heute kennt. Keine Einheitspreise und nicht in der Hand weniger Betreiber. Über den in Dubai hörte man, dass es dort eine Lotterie gäbe, bei der man für ein 100 Dollar-Los und bei einer begrenzten Anzahl von Mitspielern eine Luxuskarosse gewinnen könne. Diese würde dem Gewinner zudem auch kostenfrei vor die Haustür geliefert.

Der Flieger setzte zu seiner Zwischenlandung in Dubai an und alles was man sah, war Sand, Sand, Sand. Die Treppe wurde zum Aussteigen an die Maschine herangerollt und ein etwas in die Jahre gekommener Bus brachte alle Passagiere zum Terminal. Über eine enge, steile Treppe ging es hinein in das Terminal und nach oben. Uns wurde gesagt, dass wir drei Stunden Aufenthalt hätten, bevor es weiterginge. Im Terminal selbst herrschte Gewusel und Geschrei. Menschen hatten teilweise ihre kleinen Gebetsteppiche ausgerollt und beteten zwischen den Reisenden, die eilig zu ihren Gates unterwegs waren. Dazwischen Soldaten oder Polizisten mit Maschinenpistolen. Und eine Etage tiefer fand sich dann der sagenumwobene Duty-Free Shop. Die Preise waren unfassbar. Ich hatte kurze Zeit vorher einen Laptop gekauft, dessen exakt gleiches Gegenstück hier etwa die Hälfte kostete. Und ähnlich war es mit anderen Waren. Die vom

übrigen Duty-Free abgetrennte Abteilung, in der man Zigaretten kaufen konnte, hatte in etwa die Größe eines mittleren deutschen Supermarktes. Ein Humidor von ungekannter Größe beherbergte Zigarren, die man in Deutschland nur in wenigen Spezialgeschäften finden konnte. Der Duty-Free war es wirklich wert, besucht zu werden.
Außerhalb des Duty-Free Shops war es dann wieder, das Gewusel, die Aufgeregtheit und der Duft einer anderen Welt. Während die 747 kurz nach dem Start über die Stadt mit ihren tausend Lichtern hinwegflog, ich aus dem Fenster schaute und das letzte Glitzern der untergehenden Sonne auf dem Golf sah, war mir klar, dass es nicht mein letzter Besuch in dieser Ecke der Welt gewesen sein sollte. Zu diesem Zeitpunkt konnte ich auch noch nicht wissen, welche Rolle die Stadt bei meinen eigenen Lebensplanungen spielen sollte. Aber das wäre ausreichend Stoff für ein weiteres Buch.

Zunächst einmal sollten jedoch bis zu meinem nächsten Besuch der Emirate mehrere Jahre vergehen. Und selbst dann brauchte es noch ein paar weitere Besuche der Staaten am Golf, bis ich das erste Mal nach Liwa kam. Zunächst besuchte ich Dubai und hatte Gelegenheit, eine Stadt im Aufbruch zu erleben. Kräne, Bauzäune, Hochhäuser und dazwischen immer wieder Abschnitte der Wüste. In Jumeirah hatten die ersten Hotels eröffnet, europäische Touristen mümmelten an ihrem Frühstück vom Buffet („Gott sei Dank, die haben hier auch Müsli" oder „Haben Sie denn gar nichts für Veganer?") und legten sich danach an den Pool, dessen Wasser heruntergekühlt wird. Die eigentlich interessanten Orte haben sie wahrscheinlich nie kennengelernt. Dort, wo Pakistani, Inder und Srilankinesen wohnen, einkaufen und zum Essen gehen. Und wo die wichtigste und größte

Werbung eines fast jeden Frisörs an der Tür steht: „Hautaufhellung! Bei uns zum Super-Sparpreis!".
Es war eine andere Welt mit anderen Menschen, Gerüchen, Eindrücken und einem völlig anderen Leben als in Europa.
Ich blieb damals nur ein paar Tage in der Stadt, um dann weiter nach Al-Ain und die Oase von Buraimi zu reisen. Welche Bedeutung diese Stadt hat, die zum Emirat Abu Dhabi gehört und an der Grenze zum Oman liegt, war mir auf dieser ersten Reise noch nicht klar. Nicht nur, dass die Oase über Jahrzehnte umkämpft war und es die Bewohner nur dem Willen, dem Geschick und großem Mut des späteren Gründers der Vereinigten Arabischen Emirate, Scheich Zayed, zu verdanken haben, dass Al Ain heute nicht in Saudi-Arabien liegt. Auch, dass diese Stadt für viele Menschen aus Abu Dhabi der Ort war, in dem sie im Sommer Schutz vor der unerträglichen Hitze an der Küste fanden. Die Gegebenheiten, zu denen ich Al-Ain das erste Mal besuchte, ließen es auch noch zu, den alten, über Jahrhunderte etablierten größten Kamelmarkt des Mittleren Ostens zu besichtigen sowie die auf Omanischem Gebiet liegende Oase Buraimi ohne Visum zu besuchen.
Ecken, die nur von wenigen Ausländern bereist wurden, sind inzwischen Teil einer organisierten und wohlgeplanten Tourismusindustrie geworden, die Begegnungen der Art, wie ich sie noch hatte, nicht mehr wirklich zulässt. So ging es für mich auf dieser Reise nicht nur weiter in den Oman hinein, nach Nizwa, auf den Jebel Schams im Hadjar-Gebirge und nach Muskat. Auf dem Weg hinauf zum Jebel Schams begegnete ich Angehörigen von Stämmen aus den Bergen. Diese verkauften dort handgeknüpfte Teppiche aus Ziegenhaar. Auf dem Gipfel, es wurde schon fast dunkel und die Sonne schickte ihre letzten Strahlen über die Bergrücken, luden mich Soldaten der omanischen Armee zum Tee ein. Auf

dieser Reise hatte ich auch das Glück, auf meinem Weg zurück aus dem Oman, von Fujeirah aus über Dibba in die Berge der omanischen Exklave an der Straße von Hormuz zu kommen. Damals gab es einen Polizeiwagen, der die Einfahrt in das Wadi kontrollierte. Die zwei netten und hilfsbereiten Polizisten wiesen mir den Weg, der nicht einfach zu finden war. Heute ist der Weg von Dibba in die Berge und weiter nach Musandam für die meisten nicht mehr möglich.

Nach diesen drei Wochen durch einen Teil der Emirate und den Oman hatte ich Blut geleckt, wollte mehr sehen und noch tiefer in die Kultur, das Leben und die Weiten dieser Gegend eintauchen. In der heutigen Welt gibt es das nicht mehr oft, dass man Fremde freundlich zum Tee oder Essen in der Mitte von Nirgendwo einlädt. Das ist etwas, an das man sich als zivilisationsgeschädigter Westeuropäer erst einmal gewöhnen und es auch zulassen muss. Denn solche Einladungen schlägt man nicht aus, den Tee oder arabischen Kaffee lehnt man nicht ab. Niemals! Das hat etwas mit der Kultur der Menschen im Mittleren Osten zu tun, die über Jahrhunderte als Beduinen am Rande und in der Wüste unterwegs waren. Wer heute die glitzernden Hochhäuser in der flimmernden Hitze von Dubai oder Abu Dhabi sieht, die grünen Parks dort, wo es bis vor dreißig Jahren nur Sand gab, den Reichtum in den Geschäften der Malls, die neuen Autos auf den Straßen und die immer noch in Planung befindlichen Projekte, der kann darüber leicht vergessen, wie es den Menschen noch bis in die neunzehnhundertsechziger Jahre ging.

Abu Dhabi war ein Dorf an der Küste, das hauptsächlich aus Barasti-Hütten bestand. Diese Hütten wurden aus Palmblättern gebaut, die man sich von Dattelpalmen holte.

Sie schützten im Sommer nur unzureichend vor Hitze, genauso wenig vor den kalten Shamal-Winden im Winter. Nur einige wenige, wohlhabende Einwohner besaßen Häuser aus Lehm. Der Großteil der Menschen lebte vom Fischfang und die meisten Männer ernährten ihre Familien, in dem sie als Perlentaucher arbeiteten. Die Arbeit als Perlentaucher verlangte ihnen alles ab. Oftmals waren sie mehrere Monate im Sommer auf See und dabei der prallen Sonne und unerträglichen Hitze ungeschützt ausgesetzt. Das warme Wasser machte die Arbeit etwas erträglicher als während der Wintermonate. Zusätzlich war die Gefahr, von Haien attackiert zu werden, im Sommer geringer. Aber stellen Sie sich vor, sie steigen im Mai auf ein Boot, dass eigentlich für sechs bis sieben Personen gebaut wurde. Mit Ihnen sind aber mindestens zwanzig andere Menschen an Bord. Mit Ihrem Boot fahren vierhundert weitere Boote aus Abu Dhabi auf den Golf. Bis September besteht Ihre Aufgabe jetzt darin, täglich bis zu zwölf Stunden nach Perlen zu tauchen, ein Netz um die Schultern, um darin die Austern zu sammeln. Die einzigen Pausen während des langen Tages sind die, um kurz Luft zu holen für den nächsten Tauchgang. Und der führt Sie wieder bis zu zwanzig Meter tief auf den Grund des Persischen Golfs. Abends, nach Ihren Tauchgängen gibt es für Sie und Ihre Kollegen das all inclusive Buffet, ein paar Datteln und eine Hand voll Reis. Getränke sind natürlich auch all inclusive, allerdings bietet die Bordküche nur warmes, brackiges Wasser, abgefüllt aus rostigen Fässern. Sonnencreme ist aus, genauso Pflegelotion für die Haut am Abend nach den Tauchgängen. Wie sich Ihre Haut nach wenigen Wochen anfühlt, können Sie sich am besten selbst ausmalen. Dazu könnte es sein, dass sich durch die Mangelernährung ein paar Ihrer Zähne gelockert haben oder bereits ausgefallen sind. Wenn Sie Glück haben, bekommen

Sie Gelegenheit, vor Ende der Tauchsaison im September auch einmal festen Boden zu betreten. Das wäre dann Delma, eine Insel im Persischen Golf. Hier gibt es Ausrüstung, Nahrungsmittel und Wasser für die Perlentaucherindustrie zu kaufen. Aber Achtung, der Landgang reicht gerade, um die erschöpften Vorräte wieder aufzufüllen. Der nächste Tag war dann schon wieder einer auf See.
Keine schöne Vorstellung, oder?

Nicht selten waren die Erträge aus den sommerlichen Tauchfahrten miserabel und die Männer gelangten durch ihre Hungerlöhne in eine Schuldenspirale. Denn bevor sie im Mai zu den Tauchfahrten aufbrachen, liehen sie sich Geld für ihre Familien. In manchen Jahren war eine Rückzahlung des geliehenen Geldes jedoch aufgrund der geringen Perlenfunde nicht möglich. Wollte ein Taucher sein Schiff wechseln, musste er eine Ablöse bezahlen. Das eigentliche Geschäft und die Gewinne machten indische Händler. Diese kauften die Perlen auf und brachten sie nach Indien. Dort wurden sie in Schmuck um- und eingearbeitet und für ein Vielfaches ihres Einkaufspreises in eine Luxusgesellschaft nach Westeuropa verkauft. Ein Gesetz der Engländer verhinderte zudem, dass Händler aus anderen Ländern direkt in Abu Dhabi ihre Perlen kaufen konnten. Der Einzige dem es jemals gelang, dieses Gesetz zu umgehen, war der Franzose Pierre Cartier. Cartier, der anscheinend über entsprechend gute Kontakte verfügte, kaufte die Perlen für sein Unternehmen in den dreißiger und vierziger Jahren des zwanzigsten Jahrhunderts direkt vor Ort ein. Zu jener Zeit war die Perlentaucherei am Persischen Golf jedoch schon fast Geschichte. Denn die Japaner hatten eine Methode entwickelt, Perlen künstlich zu züchten und zu deutlich geringeren Preisen auf dem Markt anzubieten.

Apropos Engländer: Sie waren es, die die Geschicke am Golf über mehr als hundert Jahre bestimmten. Und nicht gerade auf die feine englische Art. Eine irische Erklärung dafür, warum die Sonne im Britischen Empire nie untergeht, lautet: „Weil selbst Gott Angst davor hätte, mit den Briten im Dunkeln zu sitzen." Und mit ihrer über Jahrhunderte in verschiedenen Ecken der Welt dominierenden Kanonenbootpolitik sorgten sie auch in den Emiraten am Persischen Golfs dafür, dass alles nach ihren Vorstellungen läuft. Die Boote, mit denen die Perlentaucher zu Beginn des zwanzigsten Jahrhunderts auf dem Golf unterwegs waren, unterschieden sich deutlich von denen 100 Jahre zuvor. Das lag daran, dass die Briten 1819 kurzerhand alle Schiffe der Stämme an der Küste zerstört hatten. Dem zu dieser Zeit einflussreichsten und mächtigstem Stamm am südlichen Ufer des Persischen Golfs, den Qawasim, gefiel es nicht, dass die Briten ihre jahrhundertealten Handelswege übernehmen wollten. Der Stamm, dessen Gebiete sich in den heutigen nördlichen Golfstaaten befanden, wollte seine alten Handelsrouten weiter aufrechterhalten und attackierte die Briten mit steter Regelmäßigkeit. In einer Kommandoaktion zerstörten die Briten kurzerhand alle Schiffe der Qawasim in wenigen Tagen. Darüber hinaus wurde durch das Königreich ein Gesetz erlassen, was die Größe der zukünftigen Boote stark einschränkte.

Diese Aktion der Briten schwächte den Stamm der Qawasim beträchtlich und erlaubte dem zweiten einflussreichen Stamm der Region, den Bani Yas, seinen Einfluss auszudehnen. Die Bani Yas waren ein Stamm, der seine Wurzeln in der Kultur der Beduinen hatte und der von der Al Falah Familie geführt wurde. 1793 verlegte Scheich Shakhbut bin Dyab den Hauptsitz des Stammes aus der Oase Liwa nach

Abu Dhabi. Dort ließ er ein Fort bauen und dehnte den Einfluss seines Stammes in der Region bis nach Al-Ain aus.

Den Briten gefiel natürlich nicht, dass sie weiterhin Übergriffen durch die Stämme ausgesetzt waren. Es schadete einfach ihren Geschäften und Handelsrouten. Die East India Company wollte ihre Waren ungestört von Indien nach Großbritannien bringen, Überfälle und Attacken auf ihre Schiffe schadeten dem Geschäft. 1835 kam es deshalb zu einem Friedensabkommen zwischen den Briten und den Stämmen an den südlichen Ufern des Persischen Golfs. Fortan nannte man die Gegend Trucial Coast oder auch Trucial States. Allerdings verstanden die Briten solche Friedensabkommen auch damals schon meist einseitig. Denn wann immer ein Scheich nicht ihren Vorgaben, Ideen und Vorstellungen folgte, sorgte die Krone dafür, dass anstelle seiner, ein anderer die Führung eines Stammes übernahm. Regime Change der alten Schule. Während man heute dafür NGO's und eine Menge Geld benötigt, gelegentlich auch Kampfflugzeuge und Bomben über Wochen einsetzen muss und bisweilen auch nicht ohne Bodentruppen auskommt, so reichte damals eine kleine Intrige zwischen Brüdern oder Cousins, die zusammen mit einer kleinen Zahlung den gewünschten Erfolg brachte.

Die Briten hatten also alles für die Sicherung ihrer Handelsroute von Indien über Basra, Syrien oder Haifa und über das Mittelmeer nach Großbritannien getan und die vollständige Kontrolle am südlichen Ufer des Persischen Golfs. Für die Menschen selbst in diesen Gebieten änderte sich wenig. Sie waren bitter arm und sie blieben es. Abu Dhabi war nicht mehr als ein Dorf aus Palmhütten, das im Sommer kaum noch einen Bewohner hatte. Der Großteil der

Bevölkerung konnte zudem weder Schreiben noch Lesen, Geschichte wurde durch mündliche Erzählungen von Generation zu Generation weitergegeben und bewahrt. So auch die Geschichte des Kampfes Mann gegen Mann im Jahre 1868. Scheich Zayed bin Khalifa, der seit 1850 das Oberhaupt in Abu Dhabi war, sah seinen Stamm permanenten Zwistigkeiten mit den Kollegen aus dem Emirat Sharjah ausgesetzt. Das Emirat Sharjah gehörte zum Stamme der Qawasim, die der wahhabitischen Richtung des Islam angehörten. Die Qawasim waren ohnehin durch die Zerstörung ihrer Flotte durch die Briten geschwächt und um den seit langem schwelenden Konflikt zwischen den Bani Yas und den Qawasim schlussendlich zu einem Ende zu bringen, standen sich Scheich Zayed bin Khalifa und Scheich Khalid bin Sultan im Duell gegenüber und kreuzten die Klingen. Nachdem der Herrscher aus Sharja tödlich besiegt war, legte sich der Konflikt zwischen beiden Emiraten und Abu Dhabis Einfluss in der Region nahm weiter zu. Nun darf man dies nicht mit Kriegen um den Einfluss in Europa vergleichen, in dem gleich ganze Landstriche die Besitzer wechselten. Denn die Menschen der Region waren größtenteils Beduinen, die so etwas wie Landbesitz nicht kannten. Lediglich ihre Stammesgebiete waren in etwa abgegrenzt und man sorgte dafür, dass sich einzelne Stämme nicht über ihre eigenen Grenzen ausdehnten und fremde Quellen oder Weideplätze beanspruchten.

Scheich Zayed bin Khalifa, der mehr als fünfzig Jahre die Geschicke des Emirats lenkte und bis heute von den Menschen der Region verehrt wird, gab Abu Dhabi Stabilität. Dazu gehörte auch die gemeinsame Aktion mit Truppen des Sultans von Oman, während der saudi-arabische Truppen aus der Oase Buraimi und Al Ain vertrieben wurden. Allerdings sollte dieser Konflikt mit Saudi-Arabien noch weitere fast einhundert Jahre schwelen und immer wieder zu blutigen Kämpfen um die Oase führen.

Auf einer meiner ersten Reisen besuchte ich Al-Ain und die Oase von Buraimi. Sie liegen im Dreiländereck zwischen Abu Dhabi, Oman und Saudi-Arabien. Das Gebiet war hochinteressant, da es nicht nur ein wenig bergig, sondern dort auch im Sommer mit Niederschlag zu rechnen ist. Darüber hinaus wird die Gegend von ein paar kleinen Flüsschen durchzogen, die sich tief in den Felsen eingegraben haben und eine ausreichende Wasserversorgung der Menschen und ihrer Pflanzungen garantieren. Es ist beeindruckend zu sehen, mit welch durchdachtem System die Pflanzen innerhalb der Oase bewässert werden und welchen Reichtum an Pflanzen diese Gärten hervorbringen. Strategisch hat Al Ain und die Oase von Buraimi Bedeutung, da sie inmitten der Wüste, des Leeren Viertels liegt. Daher hätten Truppen den Vorteil gehabt, sich mit Nahrungsmitteln und Wasser zu versorgen und von dort aus eine Reihe wichtiger Orte im Landesinneren des Oman zu erreichen.

Von Al-Ain aus fuhr ich mit dem Wagen in die Omanische Exklave Buraimi. Zu dieser Zeit gab es dort zwar einen Grenzposten, man benötigte allerdings noch kein Visum für diesen Teil des Oman. Über ein paar staubige Straßen, auf denen es keinen Verkehr gab, bog ich über eine Schotterpiste in die Oase ab. Irgendwann ging es nicht mehr weiter, da der Weg zu schmal wurde und ich stellte den Wagen ab, um zu Fuß weiterzugehen. Überall Dattelpalmen, zwischen denen Beete angelegt waren. Die Beete durchzog ein System von Kanälen, die mal mehr und mal weniger Wasser führten. Einzelne schlichte Häuser aus Lehm wirkten verlassen und gelegentlich schaute eine Katze um die Ecke, um sich den unbekannten Besucher näher anzusehen. In den Dattelpalmen saßen Vögel und sie waren es auch, die die Stille unterbrachen. Städte wie Dubai oder Abu Dhabi waren nur knapp zwei Autostunden entfernt, voller Aufregung, Blink-Blink-Reklame und Lärm. Und hier fast vollkommene Ruhe und Gelassenheit. Früher benötigten die Beduinen etwa fünf Tage, um mit ihren Kamelen von Abu Dhabi nach Al Ain und Buraimi zu gelangen. Diese Strecke legten die meisten von ihnen zweimal im Jahr zurück. Denn hier in der Oase waren die Sommer erträglich und es war längst nicht so schwül, wie an der Küste bei mehr als vierzig Grad Celsius. Ärzte und Krankenhäuser gab es bis in die sechziger Jahre des neunzehnten Jahrhunderts nicht in Abu Dhabi. Nicht selten kam es vor, dass auf solch einer Karawane jemand verunglückte, vom Kamel fiel oder die Reisegesellschaft überfallen und jemand verwundet wurde. In solch einem Fall war es meist Glück, wenn derjenige überlebte. Gerade ältere Menschen wurden Opfer der Hitze, wenn sie auf dem beschwerlichen Weg von der Küste ins Landesinnere waren. Starb jemand auf einer solchen Reise, wurde er vor Ort begraben und ein Gebet gesprochen. Die Gräber wurden nicht markiert und die Karawane zog weiter.

Im Schatten der Dattelpalmen hatte ich diese Probleme nicht und während ich durch die Oase wanderte, konnte ich ein anfangs leises Rauschen hören. Das Rauschen verstärkte sich, je weiter ich mich auf die Felsen jenseits der Pflanzungen zubewegte. Nach etwa fünfzig Metern über felsigen Untergrund gehend, gelangte ich an einen Einschnitt im Felsen. Dort rauschte in etwa zehn Meter Tiefe ein kleiner Fluss durch das Gestein. Es war ein beeindruckendes Schauspiel. Hier der sprudelnde Fluss und die rötlichbraunen

Felsen, wenn ich mich ein wenig umschaute das tiefe Grün der Oase mit dem Zwitschern der Vögel.

Genauso musste es hier auch vor gut einhundert Jahren ausgesehen haben, als Scheich Zayed, der spätere Gründer der Vereinigten Arabischen Emirate in der Nähe von Al Ain zur Welt kam. Scheich Zayed war der jüngste von vier Brüdern und Enkel von Scheich Zayed bin Khalifa, der im Jahre 1905 starb.
Zu dieser Zeit florierte Dubai schon als Hafenstadt am Golf, während sich in Abu Dhabi nichts verändert hatte. Seit 1870 hatten die sunnitischen Araber, die im Gebiet Persiens an der Nordküste des Golfs lebten, Stress mit den dortigen Autoritäten. Diese hatten die Steuern ins Unerträgliche erhöht und es machte für die hauptsächlich vom Handel lebenden Araber kaum mehr Sinn, ihr Geschäft in Persien fortzuführen. Nach und nach verließen sie ihre über Jahrhunderte angestammten Dörfer und Städte in der Provinz Bastaki. Ein Großteil kam dabei aus der Hafenstadt Lengeh. Sie machten sie sich auf den Weg über den Persischen Golf nach Dubai. Scheich Maktoum nahm sie mit offenen Armen auf, schaffte fast sämtliche Importsteuern ab und machte Dubai damit zu einer Stadt mit Freihafen. In Verbindung mit den Fertigkeiten, Verbindungen und Handelserfahrungen der Einwanderer bekam Dubai einen deutlichen Schub nach vorn. Spuren dieser Einwanderung kann man noch heute in Dubai entdecken, wenn man durch den Stadtteil Bastakiya mit seinen auf den Häusern befindlichen Windtürmen geht. Diese architektonische Eigenheit wurde von den Immigranten mitgebracht und nachdem sie dem Scheich aus Dank einen Palast mit ebendiesen Windtürmen bauen ließen, war nunmehr der

Weg frei, selbst Häuser mit dieser energiesparenden Klimaanlage zu errichten.

Zur etwa gleichen Zeit in der Dubais kometenhafter Aufstieg am Golf begann, nämlich 1903, wurde die erste Ölkonzession der Region an die Turkish Petroleum Company auf dem Gebiet des heutigen Irak vergeben.

**S**and. Sand und unendliche Weite. Kein Geräusch dringt an mein Ohr. Die Sonne brennt unerbittlich und ich bin froh, mit einem Tuch meinen Kopf schützen zu können. Was, wenn man hier, scheinbar in der Mitte von Nirgendwo, ohne Wasser, ohne Nahrungsmittel, plötzlich nur auf sich allein gestellt ist. Die Reise wäre alsbald beendet.
Diese Gedanken gingen mir durch den Kopf, als ich das erste Mal am Rande des Leeren Viertels, der Rub Al Khali unterwegs war. Das ist inzwischen mehr als zehn Jahre her und seitdem hat sich vieles, um nicht zu sagen fast alles verändert.

Damals, ich hatte bereits einige Reisen in die Emirate und in den Oman hinter mir, zog es mich in den mir unbekannten Teil der Emirate, südwestlich von Abu Dhabi. Ich hatte wenig darüber gelesen, aber was ich gelesen hatte, sagte mir, dass es hier noch das eher ursprüngliche Leben der Beduinen und Wüstenbewohner zu entdecken gab. Meine damalige Reisebegleitung hatte bereits den Rückflug nach Europa angetreten und ohnehin keine Lust, in diese entlegene Ecke der Emirate mitzukommen. Ich hatte für den Ausflug nur noch einen Tag zur Verfügung, allerdings, so war mein Gedanke, sollte die Zeit für einen ersten Überblick ausreichen. Also machte ich mich von Dubai aus auf den Weg Richtung Abu Dhabi. Google Maps gab es zum damaligen Zeitpunkt noch nicht auf dem Smartphone und ich hatte eine mehr oder weniger genaue Straßenkarte mitgenommen.

Die vierte Abfahrt hinter Abu Dhabi musste ich von der Autobahn abfahren, um nach Madinat Zayed zu kommen. Dort, so hoffte ich, würde es eine Tankstelle geben, um noch einmal vollzutanken und ausreichend Wasser einzukaufen. Die entsprechende Autobahnabfahrt gab es, einen Hinweis auf Madinat Zayed jedoch nicht. Was soll's, dachte ich. Also nahm ich die Abfahrt und die schmale Straße führte durch Sand, Sand, Sand. Flache Sanddünen unterschiedlicher Braunfärbung wechselten einander ab. Dann gab es wieder Abschnitte ohne jegliche Sanddünen, dafür aber hellgelben Sandes, soweit das Auge reichte. Andere Autos schienen auf der Straße nicht unterwegs zu sein. Das Seitenfenster war unten, die einzige Radiostation, die ich noch empfangen konnte, brachte eine Lesung des Koran. Irgendwann nahm ich ein leises Piepen wahr. Ich drehte die Lautstärke des Radios runter und das Seitenfenster hoch und konnte das Piepen deutlich hören. Ein Blick auf das Armaturenbrett. Gab es ein rotes Licht? Kühlwasser, das bereits kochte oder kein Öl mehr im Motor? Nichts dergleichen, kein rotes Licht, keine Wasserdampfwolken aus dem Motorraum, dafür aber weiterhin das Piepen. Ich verlangsamte die Fahrt und dachte, vielleicht noch irgendein anderes Geräusch wahrzunehmen. Stattdessen hörte das Piepen auf.

„?????????", ging es mir durch den Kopf.

Ich beschleunigte den Wagen erneut und hörte das Piepen genau wie vorher. In diesem Moment erinnerte ich mich wieder, dass ich irgendwo in irgendeinem Reiseführer gelesen hatte, dass Autos, die in den Vereinigten Arabischen Emiraten zugelassen waren, eine akustische Warnung hatten. Sobald man schneller als einhundertzwanzig fuhr, sollte es angeblich piepen. Kein kochendes Kühlwasser, kein Motorschaden, hier in der scheinbaren Mitte von Nirgendwo, ohne irgendeinen nur irgendwie anderen Autofahrer weit und breit.

Al-Hamdudillah, wie der Araber jetzt an meiner Stelle gesagt hätte.

Also Fenster wieder auf, Radio wieder etwas lauter und gelegentlich auf den Tacho schauen. Obwohl es hier weder irgendwelche Anzeichen für Polizeikontrollen, noch die sonst überall alle paar Kilometer vorhandenen stationären Blitzgeräte gab.

Etwa 60 Kilometer später gelangte ich nach Madinat Zayed und es gab zu meiner Erleichterung auch eine Tankstelle. Volltanken, sechs Liter Wasser kaufen. Denn ich hatte noch einiges an Kilometern vor mir und wer weiß, wie lange es dauern würde bis Hilfe kommt, wenn ich irgendwo auf dem Weg liegen bleiben würde. Madinat Zayed war ein verschlafenes Nest mit ein paar Häusern. Obwohl gerade nur 150 Kilometer von Abu Dhabi entfernt, sah man nichts von irgendwelchen glitzernden Glaspalästen oder ungezügeltem Reichtum. Es schien so, als würden die Uhren hier bereits etwas langsamer laufen, als in der Hauptstadt der Emirate. Mein nächstes Ziel war die Oase Liwa. Auf der Karte war sie als relativ großes Gebiet eingezeichnet. Aus meiner Erfahrung mit anderen Oasen stellte ich sie mir als einen grünen Gürtel aus Palmen und Pflanzungen mitten in der endlosen Weite der Wüste vor. Weitere sechzig Kilometer später sollte ich feststellen, dass die zentrale Siedlung aus ein paar Lehmhütten bestand. An der Kreuzung, an der ich Richtung Hamim abbiegen und weiterfahren wollte, gab es eine kleine Moschee, aus der gerade ein paar Männer kamen. Hinweisschilder, die mir hätten anzeigen können, in welche Richtung es weitergeht, gab es auch hier nicht. Wozu auch? Einheimische kannten den Weg wahrscheinlich auch im Dunkeln bei Neumond und Touristen hatte man hier vielleicht ein- oder zweimal im Jahr. Ich war einer davon. Also versuchte ich einen der Männer in radebrechendem Arabisch nach dem Weg zu fragen. Offensichtlich war der so von dem plötzlich auftauchenden Unbekannten überrascht, dass er mir eine lange Geschichte auf Arabisch erzählte, von der ich eigentlich nichts verstand. Am Ende zeigte er in die Richtung, die ich ohnehin vorhatte, zu nehmen. Ich stieg in mein Auto und fuhr weiter. Bereits einige Kilometer vor Liwa wurden die Dünen rechts und links der Straße immer höher. Auf dem Weg aus Liwa heraus nahm ihre Höhe und Ausdehnung weiter zu. Der Sand wechselte jetzt noch häufiger seine Farbe. Ein helles Gelb, scharf abgegrenzt von teilweise dunkelbraunen Sandtönen. Und keine Palmen oder Pflanzungen weit und breit. Hier begann die Rub Al Khali, die größte zusammenhängende Sandwüste der Erde. Ein paar Kilometer weiter südlich musste die Grenze zu Saudi-Arabien liegen. Ich sah nur Sand. Keine Menschen, keine Autos, nur Sand. Wie weit konnte man abseits der Straße in die Wüste fahren? Gute Frage. Ich könnte es ausprobieren. Allerdings zeigte das Handy keinen Empfang mehr an. Was also, wenn man verwegen runterfährt von der Straße, hinein in die Wüste und der 4x4 nicht durchkommt? Sechs Liter Wasser sind nicht so viel. Aber ich könnte es ja mal wagen, wenigstens mal versuchen. Interessante Gedankenspiele, die mir durch den Kopf gingen. Und die damit endeten, dass ich einfach abbog, hinein in die Wüste. Auf einer Düne stehen bleibend, konnte ich im vor mir liegenden Dünental ein Camp von Beduinen entdecken. Ich verließ das Auto und ging zum Dünenkamm, um einen besseren Blick zu haben. Im Dünental standen drei schwarze Zelte, ich sah einige Kamele eingezäunt unter einem aus Holzpfosten und Stoff errichteten Baldachin stehen. Drei SUV's standen in der Nähe und während ich noch dabei war, mir einen Überblick zu verschaffen, trat ein Mann aus einem der Zelte. Er schaute in meine Richtung und ich erhob die Hand zum Gruß. Er erwiderte meine Geste und forderte mich mit einer Handbewegung auf, zu ihm hinunterzukommen. Ich wusste, dass man solch eine Einladung nicht ablehnt, schon gar nicht in der Wüste.

Häufig kam es vor, dass Stämme miteinander verfeindet waren. Wollten Angehörige eines Stammes durch das Gebiet eines mit ihnen verfeindeten Stammes ziehen, was gelegentlich vorkam, so benötigten sie Schutz durch einen Begleiter, den man im arabischen auch *rabia* nennt. Solch ein *rabia* stammte dann meist von einem Stamm der mit dem Stamm, durch dessen Territorium die Reisenden ziehen wollten, befreundet oder zumindest nicht verfeindet war. Für den *rabia* galt, die unter seinem Schutz stehenden Reisenden ohne Verluste durch die gefährlichen Stammesgebiete zu geleiten. Dazu gab es einen Eid, der besagte, dass die Begleiter des *rabia*, ihre Sicherheit, ihr Blut und alles, was sie mit sich tragen, in seinem Gesicht seien. Man war gegenseitig aufeinander angewiesen und es war ein ungeschriebenes Gesetz, sich gegenseitig, wenn notwendig, mit Waffengewalt zu verteidigen. Wurde man in einem Beduinencamp zum Kaffee eingeladen, so konnte man davon ausgehen, dass die Gastgeber keine unlauteren Absichten hegten. Lehnte man den Kaffee ab, so gingen die Gastgeber davon aus, dass der Gast seine wahren Absichten verbergen wollte. Gleichzeitig wurde durch den Gastgeber die Sicherheit eines Reisenden garantiert, dem ein Kaffee angeboten wurde. Dieser Schutz galt solange, bis der Reisende aus der Sichtweite des Gastgebers verschwunden war. Wird man von Beduinen zum Essen eingeladen, so erstreckt sich der anschließende Schutz in einem Ümkreis der Distanz, die ein Kamel an einem Tag zurücklegen kann. Bleibt man als Gast über Nacht im Camp, so erstreckt sich der Schutz durch den Gastgeber auf die Strecke, die ein Kamel an drei Tagen zurücklegt.

Diese Regeln waren mir damals noch nicht geläufig, ich hatte nichts zu verbergen und ging nicht davon aus, dass man mich ausrauben, entführen oder in irgendeiner anderen Weise bedrängen wollte. Also ging ich die Düne hinunter in Richtung Camp.

„As salam u aleihkum. Marhaba.Kefa haluk?", war die Begrüßung und da ich zu diesem Zeitpunkt bereits ein wenig Arabisch sprach, konnte ich entsprechend antworten.
„Bikhair. Shukran. Al-Hamdudillah."
„Kefa kanna safa?"
„Mumtaz, schukran."

Ich wurde in das Zelt gebeten und das war dann auch das Ende meines arabischen Wortschatzes. Der Rest der Unterhaltung, wenn man es denn dann so nennen möchte, fand mit Händen, Füssen, ein wenig englisch und ganz viel Kopfnicken meinerseits statt.
Das Kaffeetrinken wird bei den Arabern als eine Zeremonie verstanden. Das gilt bis heute. Dazu werden die Bohnen meist in einem Messingmörser zerstoßen, der heiße Kaffee selbst ist bitter und tiefschwarz. Der Kaffee wird in kleine Porzellantassen gefüllt, die ein wenig kleiner als Espressotassen sind. Beim Trinken selbst besteht keine Eile.
„Gott schuf die Zeit. Und davon ausreichend", lautet ein arabisches Sprichwort. Nach etwa einer Stunde und einer weiteren Tasse Kaffee bedeutete ich meinem Gastgeber, dass ich weiter müsste, da ich noch eine Strecke zu fahren hätte. Seine Antwort, die ich jedoch nicht verstand, klang danach, als solle ich ruhig noch eine Weile bleiben. Allerdings zeigte er mir dann noch stolz seine prächtig genährten Kamele, verabschiedete mich und ich ging die steile Sanddüne hinauf

zum Auto zurück, um meine Fahrt Richtung Hamim fortzusetzen.

Es gehört zu meinen eindrucksvollsten Erfahrungen in diesem Teil der Welt, dass man als Fremder immer wieder eingeladen wird. Dies geschieht ohne Hintergedanken oder irgendwelche Verpflichtungen gegenüber dem Gastgeber. Das resultiert aus der Religion der Araber, denn es könnte ein Gast sein, der von Gott geschickt wurde. Ähnliches kannte man auch einmal in der christlichen Religion, jedoch sind diese Rituale über die Jahre aus den Köpfen der Deutschen erfolgreich ausradiert worden. In Arabien dagegen findet man sich plötzlich am Wegesrand beim Essen mit Einheimischen wieder oder in einem Zelt eines Beduinencamps. Die wohl bemerkenswerteste und nachhaltigste Einladung hatte ich auf einer späteren Reise nach Liwa. Aber dazu in aller Ausführlichkeit später.

Zunächst einmal fuhr ich weiter auf der, wie es mir schien, einsamsten Straße der Welt, immer noch durch die Wüste Richtung Hamim und hing meinen Gedanken an die Begegnung mit den Beduinen nach. Hamim selbst war nicht viel größer als Liwa, ein paar gelblich-graue Lehmhäuser und dazwischen wenige Ziegen, die in der Hitze irgendwo Schatten suchten. In Hamim musste ich Richtung Norden abbiegen, um wieder zurück nach Abu Dhabi zu kommen. Ich hatte noch etwa 150 Kilometer Straße vor mir, bevor ich wieder auf die Autobahn Richtung Abu Dhabi und Dubai gelangte. Auf dieser Strecke sollte es weder Dörfer noch Tankstellen geben, rechts und links der Straße sah ich, Sie ahnen es, nur Sand, Sand und noch mehr Sand. Sand in allen Schattierungen, Farben, die denen der gelben Farbskala eines Baumarktes hätten entnommen sein können und einander abwechselnd, Dünen, mal höher, mal weniger hoch. Ich hatte mein Fenster offen, das Radio spielte immer noch die Koranlesung und von Zeit zu Zeit achtete ich auf den Tacho, wenn es von irgendwoher im Armaturenbrett zu piepen anfing.

Etwas Anderes jedoch fiel mir auf. Entlang der Straße hatte man junge Büsche und Palmen gepflanzt. Dazu sah ich kleine schwarze Plastikrohre von Pflanze zu Pflanze verlaufen, ohne gleichzeitig zu sehen, woher der Zufluss für Wasser in diese Rohre stammte. Was für ein Projekt! Über endlose Kilometer Wüste entlang dieser Straße in der Mitte von Nirgendwo junge Pflanzen zu setzen und diese mit Wasser zu versorgen. Viel später erfuhr ich, dass Scheich Zayed, der 1966 die Macht in Abu Dhabi übernahm, ein großes Interesse daran hatte, sowohl die Landwirtschaft, als auch die Aufforstung im Land zügig voranzutreiben. Damit wollte er die negativen Effekte der Verwüstung eindämmen und größere Bewegungen von Wüstensand verhindern. Ein weiteres Ziel seines Planes sah vor, die Vereinigten Arabischen Emirate landwirtschaftlich weitgehend unabhängig von Importen aus dem Ausland zu machen. Die Anpflanzungen entlang der Straße nördlich von Hamim war Teil dieses großen Projekts, in dessen Rahmen seit 1966 mehr als neun Millionen Bäume gepflanzt wurden.

Unwissend, dafür guter Laune und dankbar für die Erlebnisse des Tages kam ich mit jedem Kilometer näher zur Autobahn, als plötzlich ein riesiges Schild an der Straße auftauchte: „Emirates National Auto Museum". Wie bitte? Ein Nationales Automuseum? Mitten in der Wüste? Kurze Zeit später ein Zaun, ein offenes Tor, mehrere Gebäude und ein Monstertruck sowie ein paar alte Autos auf dem Gelände.

Allerdings niemand weit und breit, kein Einziger, der mir irgendeine Auskunft hätte geben können, was es mit diesem Museum auf sich hatte. Keine Menschenseele, keine Erklärungen. Was in den Hallen war, konnte ich nicht sehen. Das Ganze wirkte auf mich wie eine verlassene Goldgräbersiedlung. Da hatte scheinbar jemand eine Idee und das ausreichende Geld, sie in die Tat umzusetzen. Vielleicht konnte man so etwas ja zur Attraktion für Touristen machen. Das waren meine Gedanken, als ich wieder ins Auto stieg und weiterfuhr.

Viel später sollte ich die wahre Geschichte über dieses Nationale Automuseum erfahren. Das in diesem abgelegenen Teil der Wüste gebaute Automuseum war die Idee des Cousins des derzeitigen Präsidenten der Vereinigten Arabischen Emirate. Eröffnet wurde es auch erst knapp drei Jahre nach meinem Besuch. Sheikh Hamad Bin Hamdan, den Eigentümer dieses Museums, könnte man vielleicht als Autoenthusiasten bezeichnen. Es gibt auch Leute, die ihn als Exzentriker oder Regenbogenscheich bezeichnen. Jedenfalls ist er nicht nur einflussreich, er verfügt auch über genügend Klein- und Spielgeld im Hintergrund. Früher hätte man gesagt, jedem Tierchen sein Pläsierchen. Scheich Hamad Bin Hamdan diente mehr als 30 Jahre in der Armee der Emirate und zu seiner Hochzeit bestellte er ein Modell von Mercedes für jeden Tag in der Woche in einer anderen Farbe. Eben den Farben des Regenbogens. Wird ja sonst auch irgendwie langweilig, jeden Tag mit derselben Karre durch die Gegend zu cruisen. Aber in seinem Museum gibt es weitaus abgefahrenere Exponate zu besichtigen. Nicht nur ein nagelneues Fahrzeug der Highway Police, wie man es aus amerikanischen Filmen kennt oder ein original New Yorker Taxi mit Preisschild an der Fahrertür. Das wohl durchgeknallteste und im wahrsten Sinne des Wortes abgefahrenste Exemplar ist ein Dodge in vielfacher Größe des Originals. Dieser Riesennachbau ist nicht nur fahrtüchtig, sondern er hat auch alles, um lässige Ausflüge in die Wüste zu unternehmen. Ein großes Wohn- und Schlafzimmer, eine Küche und die Ladefläche dient als Terrasse, um die Freiheit des unendlichen Sternenhimmels in der Rub Al Khali zu genießen. Vielleicht ist die Mentalität der Emirati, die Freude am Großen, am Vielen, am Blinkenden, der scheinbaren Verschwendung für Europäer schwer zu verstehen. Aber die Jungs und Mädels an der südlichen Küste des Persischen Golfs haben Spaß daran. Und Scheich Hamad bin Hamdan, ein, wenn man ihn persönlich erlebt, sehr netter, zuvorkommender und bescheidener Gastgeber, sagte einmal: „Wir haben Geld. Aber wir bringen das Geld nicht auf die Bank. Wir geben es aus!"

Tja, das ist wohl auch die Idee von Geld. Nicht etwa, es auf der Bank zu deponieren und auf kümmerliche Zinsen zu spekulieren oder betrügerische CDO's kaufen, sondern raus damit, Spaß haben und das Leben genießen. Schließlich hat man nur eins.

Nach meiner Rückkehr in Dubai am Abend dieses Tages ahnte ich noch nicht, dass es fast zehn Jahre brauchte, bis ich wieder in diesen Teil der Wüste zurückkommen sollte. Allerdings hatte ich das Glück, in der Zwischenzeit Gegenden auf der arabischen Halbinsel zu entdecken, die genauso spannend, überraschend, geheimnisvoll und aufregend sein sollten, wie die Oase von Liwa.

Irgendwann lernte ich während meiner Zeit in London einen der wichtigsten Street Artists der Stadt kennen. Der Zufall wollte es, dass sich unsere Wege immer wieder kreuzten und ich nicht nur mehrere Interviews mit ihm führte, sondern ihn auch auf einigen seiner recht außergewöhnlichen Reisen begleitete. Mr. Fahrenheit, so lautete sein Pseudonym als Street Artist, war im wahren Leben Universitätsprofessor und verfügte über ausgezeichnete Kontakte in die Emirate und den Oman. Von dort hatte man ihn für 2015 zu einer exklusiven Ausstellung nach Dubai eingeladen. Street Art ist in Europa inzwischen eher etwas Alltägliches, in den Emiraten kann es noch immer gut sein, für illegal in den Straßen platzierte Werke, empfindliche Strafen zu kassieren. Ausstellungen von Street Art sind daher eher ungewöhnlich und nur mit entsprechenden Kontakten möglich. Mr. Fahrenheit lud mich ein, bereits im Vorfeld der Ausstellung mit ihm in die Emirate zu kommen, da etwas ganz Außergewöhnliches auf dem Plan stand: Eine Tour mit Kamelen auf der alten Route durch die Wüste über Liwa nach Al Ain.

Diese Gelegenheit wollte ich mir selbstverständlich nicht entgehen lassen. Ich habe ausführlich über die Erlebnisse dieser ausgefallenen Reise in einem anderen Buch berichtet. Allerdings weniger über diese besonderen Momente am Abend, wenn es dunkel wurde, sich die ersten Sterne am scheinbar endlosen dunkelblau-schwarzen Himmel der Wüste zeigten, das Feuer entfacht wurde, um das sich alle sammelten und spannende Geschichten über eine gewissermaßen längst vergessene Zeit erzählt wurden. Es waren amüsante und ausschweifende Gespräche, teils auf Arabisch, teils auf Englisch, manchmal wurden Sätze übersetzt oder sie blieben einfach so stehen und der

Zusammenhang wurde durch das Gespräch klar. Dialoge sind auf der Arabischen Halbinsel wichtig. Man redet über alles, teilweise stundenlang über scheinbar völlig nebensächliche Dinge, die dann auch zu hitzigen Diskussionen führen können. Wenn man die Sprache nicht beherrscht, kann leicht der Eindruck entstehen, dass es jeden Moment zu Handgreiflichkeiten zwischen den Beteiligten kommen kann. Dies ist jedoch keineswegs der Fall, sondern entspricht einfach nur der Mentalität der Araber. Man tauscht lediglich unterschiedliche Meinungen aus. So passierte es, dass sich zwei unserer Reisebegleiter darüber stritten, wann es denn die ersten Autos in Abu Dhabi gegeben hätte. Nach einigem hin und her konnte man sich darauf einigen, dass der erste Wagen der von Scheich Shakhbut gewesen sei. Natürlich hätten die Engländer schon Autos gehabt, aber das sei ja etwas Anderes.

In der Tat bekam Scheich Shakhbut sein erstes Auto in den späten vierziger Jahren des zwanzigsten Jahrhunderts. Die Briten, Franzosen und Amerikaner wussten, dass in den Gebieten um den Persischen Golf Erdöl zu finden war. Die Briten hatten bereits vor dem Ersten Weltkrieg ihre Flotte von Kohle auf Öl umgestellt und brauchten diesen Rohstoff dringend für ihre Kriegsmarine. Der Zusammenbruch des Ottomanischen Reiches nach dem ersten Weltkrieg führte zu einem Wettstreit um die Gebiete am Golf und deren Aufteilung zwischen eben diesen europäischen Nationen. Es galt, die Einflusssphären auszudehnen und sich an Bodenschätzen reiche und wertvolle Gebiete zu sichern.

1927 erhielt die amerikanische Ölfirma BAPCO eine Konzession in Bahrain, 1933 folgte SOCAL in Saudi-Arabien und schließlich 1934 Britische Petroleum (BP) in Kuweit.

Angesichts der erfolgreichen Förderung und Ausbeutung des Öls in Bahrain, schlossen die Briten mit den Scheichs der Trucial States ein Abkommen darüber ab, Ölerkundungsbohrungen durchführen zu können. Gleichzeitig erneuerten sie ihren bestehenden Vertrag aus dem neunzehnten Jahrhundert und hielten darin fest, dass es den Scheichs nicht gestattet war, mit anderen Nationen zu kommunizieren, bzw. zu verhandeln. Das verschaffte den Briten einen entscheidenden Vorteil bei der Jagd auf das Öl unter dem Wüstensand. In den Jahren danach begannen die britischen Ölfirmen, Verträge mit den Scheichs auszuhandeln, die den Unternehmen das exklusive Recht auf das Öl auf dem Festland und auf offener See für die nächsten 75 Jahre geben sollte. Während der damalige Scheich von Dubai einen solchen Vertrag bereits 1937 unterzeichnete, folgte der Scheich von Ras Al Khaimah erst 1938. Scheich Shakhbut, der seit 1928 Abu Dhabi regierte, weigerte sich jedoch noch, einem solchen Vertrag zu zuzustimmen. Er kannte die Bedingungen, zu denen Bahrain und Saudi-Arabien ihre Ölkonzessionen vergeben hatten und spielte auf Zeit, um nach vielen Verhandlungsrunden dann 1939 ebenfalls einen Vertrag zu signieren.

Bereits die Unterzeichnung des Ölerkundungsvertrages brachte Geld nach Abu Dhabi und ein erstes Projekt, was mit diesem Geld verwirklicht wurde, war der Bau eines Palastes für Scheich Shakhbut. Angesichts des Niederganges der Perlenindustrie brachte dieser Plan wieder Arbeit und Geld für die Menschen in Abu Dhabi. In der Zeit zwischen 1936 und 1939 wurde alles mobilisiert und auf Schiffen herangeschafft, was zum Bau des Palastes notwendig war. Mit der Unterzeichnung der Ölkonzessionen kam weiteres Geld in das Emirat, allerdings führte der Ausbruch des zweiten Weltkriegs dazu, dass sämtliche weitere Unternehmungen der Ölindustrie eingestellt wurden. Abu Dhabi war damit mehr oder weniger wieder genau dort, wo es vor Unterzeichnung der Ölverträge stand. Die Quellen für Trinkwasser befanden sich noch immer mehr als ein Kilometer vom Dorf entfernt und versandeten schneller, als man sie wieder freilegen konnte. Die Nahrung bestand noch immer aus einer Handvoll Reis und ein paar Datteln, Tiere wurden für Milch gehalten und Kamelmilchjoghurt war eine beliebte Abwechslung. Es war eine Zeit, in der viele der Einwohner Abu Dhabis emigrierten. Entweder zogen sie in die Oasen von Al Ain und Liwa oder sie verließen ihr Land gleich ganz und wanderten in andere arabische Länder aus. Bis 1950 hatte sich die Bevölkerung von Abu Dhabi von einstmals 3000 zu Beginn des zwanzigsten Jahrhunderts auf 1500 Einwohner halbiert.

Für Scheich Shakhbut und sein erstes Auto existierten auch keine Straßen, auf denen er störungsfrei hätte fahren können. Denn Abu Dhabi war Sumpf- und Mangrovenland, es gab lediglich eine Furt von der Insel aufs Festland. An dieser mussten Kamelkarawanen oft stundenlang auf Ebbe warten, um sie zu passieren.

Die Männer am Feuer kannten all diese Geschichten noch und wenn auch nur ein paar von ihnen noch selbst als Kind diese Erfahrungen gemacht hatten, so wussten die jüngeren um diese strapaziösen Zustände aus Erzählungen in ihrer Familie. Da wir auf dem Weg nach Al Ain waren, kamen am Feuer auch immer wieder Geschichten um die Auseinandersetzungen zwischen Abu Dhabi, dem Oman und den Saudis in die Diskussion. Diese Streitigkeiten um die Oase dauerten nahezu 150 Jahre an, nachdem im Jahre 1800 eine saudische Expedition versuchte, die Oase in der Rub Al Khali zu erobern. Trotz des gemeinsamen Widerstandes von Seiten des Oman und Abu Dhabis, gelang es den Saudis, Teile des Gebietes zu besetzen. Es gelang mehrmals, die saudi-arabischen Truppen aus dem Gebiet zu vertreiben, die sich jedoch damit nicht abfinden wollten. Erst 1869 gelang es erfolgreich, für immerhin mehr als 60 Jahre, saudi-arabische Truppen aus dem Gebiet um Al Ain zu vertreiben. Dazu hatten sich der Sultan von Oman auf der einen und Scheich Zayed bin Khalifa aus Abu Dhabi auf der anderen Seite in einer Aktion mit ihren Truppen zusammengeschlossen.

Mit dem Öl-Boom auf der Arabischen Halbinsel zu Beginn der dreißiger Jahre des zwanzigsten Jahrhunderts kam es allerdings wie es kommen musste. Jemand hatte Öl gerochen und wollte es unter seine Kontrolle bringen. Und dieser Jemand war der saudische König Abdul-Aziz und die Amerikaner. Der König hatte mit den Amerikanern eine Ölkonzession unterzeichnet. Genauer gesagt mit deren Ölfirma SOCAL. Diese gehörte damals zum Rockefeller-Imperium und änderte ihren Namen später in ARAMCO (Arabian American Oil Company), in die sich die saudi-arabische Regierung ab 1973 einkaufte und sie 1980 vollständig übernahm. Amerikanische Geologen tauchten mit saudischen Truppen in der Nähe von Al Ain auf und wollten den Boden nach Erdöl erkunden. Dies gefiel weder dem Herrscher von Abu Dhabi, noch dem Sultan von Oman. Und wer überhaupt so gar kein Interesse daran hatte, dass diese Expedition von Erfolg gekrönt werden, Sie ahnen es, waren die Briten. Alliierte mit den Amerikanern im zweiten Weltkrieg hin oder her, hier ging es um die wirklich wichtigen Dinge. Hier ging es um die Vorherrschaft über Ölvorkommen. Also stellte man die Trucial Oman Scouts auf, eine Truppe aus etwa 200 einheimischen Soldaten und einer Handvoll britischer Offiziere. Diese sollten wie eine Friedenstruppe agieren und bewaffnete Auseinandersetzungen in der Gegend verhindern. Die Saudis agierten jetzt jedoch nicht mit Waffengewalt, sondern weitaus cleverer. Zum einen schickten sie einen Regierungsbeamten in die Gegend von Al Ain, der dort auch die saudische Flagge hissen ließ. Zum anderen griffen sie zu einem Mittel, das zu dieser Zeit weitaus besser wirkte, als jede Repression: Sie boten den Menschen Geld und Nahrungsmittel an. Denn obwohl inzwischen durch die Ölkonzessionen Geld ins Land kam und eine erste Probebohrung im Jahre 1949 erfolgreich war, kam nichts bei den Menschen in Abu Dhabi an. Die Einwohner des Emirats waren noch immer arm wie die Kirchen- oder besser Moscheemäuse. Mit ihren Geschenken beeindruckten die Saudis auch die Stammesführer, die sich nach und nach auf deren Seite ziehen ließen.

Einer, der aktiv wieder und wieder gegen die Okkupation vorging und dazu auch Waffengewalt benutzte, war Scheich Zayed, der jüngste Bruder des regierenden Scheichs Shakhbut. Scheich Zayed wurde von Seiten der Saudis 42 Millionen Dollar geboten, wenn er alle seine Aktivitäten einstellen und ins Lager der Saudis wechseln würde. Eine für damalige Verhältnisse unsagbar riesige Menge Geldes, die jeden anderen wahrscheinlich sehr schnell überzeugt hätte. Scheich Zayed, zu diesem Zeitpunkt selbst arm und mit kaum mehr als einer Wochenration Lebensmittel in seinem Palast ausgestattet, lehnte ab. Bis heute wird er wegen dieser und späterer Entscheidungen und Handlungen zugunsten seiner Leute und des Emirats zutiefst verehrt.

1955 hatten sowohl die Briten, als auch die Omani und Abu Dhabi genug vom Konflikt um Al Ain und Buraimi, schickten ihre Truppen gemeinsam mit den Trucial Omani Scouts in die Gegend und die Saudis zurück nach Hause. Freundlich ausgedrückt. Es sollte noch bis 1975 dauern, bis ein entsprechender Friedensvertrag über den Konflikt zwischen allen Beteiligten unterzeichnet wurde.

Am Lagerfeuer unserer kleinen Karawane durch die Wüste gingen die Gespräche dann darüber weiter, dass einige Wenige in den Anfangsjahren, nachdem man Öl in kommerziell verwertbaren Mengen gefunden und 1962 nach Europa exportiert hatte, zwar Autos kaufen konnten, es aber nicht wirklich Sinn machte. Denn Straßen gab es in Abu Dhabi noch immer nicht. Und das Haupttransportmittel zwischen der Hauptstadt und den Oasen war weiterhin das Kamel. Als der Scheich für einen dreimonatigen Auslandsaufenthalt außer Landes war, ließ sein Bruder Scheich Zayed eine etwa 20 Kilometer lange befestigte Piste vom Palast bis zum Standort der heutigen Maqta-Brücke bauen, um so wenigstens den Transport von Gütern zu verbessern. Zudem war es einfacher, mit dem Auto in der Wüste zu fahren, als auf den morastigen Wegen in Abu Dhabi. Ein jeder, der ein Auto hatte, fuhr wie er wollte. Es gab keine Kennzeichen und die Autos wurden, sobald sie von den Schiffen abgeladen und an Land abgestellt wurden, bar bezahlt und sofort mitgenommen.

Hörte man den Gesprächen am Lagerfeuer aufmerksam zu, so musste es eine abenteuerliche Zeit gewesen sein. Die Veränderungen, die sich vor den Augen der Menschen in Abu Dhabi abspielten, waren gigantisch. 1961 wurde die erste Meerwasserentsalzungsanlage eröffnet und das erste Mal in

ihrem Leben hatten die Einwohner der Stadt sauberes Trinkwasser. Im gleichen Jahr bekamen sie eine Verbindung mit anderen Teilen der Welt über ein Telegrafenamt und der erste Flughafen wurde eröffnet. Die Landebahn bestand zwar nur aus festgestampftem Sand, aber es war ein richtiger Flughafen mit ersten Linienflugverbindungen nach Sharjah und Bahrain. Allerdings, so erzählte einer unserer Gastgeber am Lagerfeuer, konnte es vorkommen, dass ein Flugzeug im Sand stecken blieb. Dann mussten sie alle verfügbaren Männer und Esel organisieren und herbeiholen, um den Flieger wieder flott zu bekommen. Um all die Ausländer, die mit dem Öl in die Stadt kamen, unterzubringen, boten die Einheimischen Zimmer an. Schließlich eröffnete 1962 das erste Hotel der Stadt an der Corniche, das „Abu Dhabi Beach Hotel".
„Wir waren nicht oft dort. Nicht nur, dass ein Getränk ein Vielfaches dessen kostete, was wir im Souk dafür zahlten, man brauchte auch einen Allradantrieb, um das Hotel überhaupt zu erreichen", erzählte uns einer der Männer.

Die Karawane, zu der man uns eingeladen hatte fand letztlich ihren Abschluss in Al Ain, einer Stadt, der Scheich Zayed seine besondere Aufmerksamkeit schenkte. Nicht nur, weil er hier geboren wurde und lange Zeit seines Lebens verbrachte, sondern auch wegen der Möglichkeiten, die sich der Landwirtschaft in dieser fruchtbaren Oase bot. Fahrenheit und ich waren gleichzeitig auch froh, endlich am Ziel der Reise zu sein, denn viele Tage auf dem Kamel sind für Ungeübte und deren Hinterteil eine Tortur.
Mir kamen auf der Tour wieder Erinnerungen an meinen kurzen Ausflug nach Liwa vor mehr als zehn Jahren ins Gedächtnis. Und ich hielt es für eine gute Idee, erneut nach Liwa zu fahren. Dieses Mal allerdings etwas länger, um mehr

Zeit zu haben, die Oase und die sie einschließende Wüste mit den dort lebenden Menschen genauer zu entdecken.

Eine gute Reisezeit für die Liwa Oase ist der europäische Spätherbst und Winter. Im Sommer kann das Thermometer leicht 45 Grad Celsius und mehr erreichen. Zwischen November und März sind die Temperaturen jedoch angenehm, obwohl es im Dezember und Januar in der Wüste auch erfrischend kalt werden und regnen kann. Meine Freundin und ich beschlossen, die Fahrt nach Liwa Ende Februar zu unternehmen und von London aus nach Abu Dhabi zu fliegen. Da wir vorhatten, in die Wüste zu fahren, reservierten wir uns einen Allrad, den wir bei unserer Ankunft am Airport in Abu Dhabi abholten. Unser Flug kam kurz nach Mitternacht an und wir wollten direkt ins Hotel nach Liwa fahren. Keine Übernachtungen in Abu Dhabi und auch kein Sightseeing. Lediglich ein Bauwerk wollten wir uns ansehen, hatten dessen Besuch jedoch auf den Tag unserer Abreise gelegt.

Einer meiner Bekannten, ein weitgereister und erfahrener Mann, sagte einmal zu mir: „Es ist doch egal, in welche Stadt Du letztlich fährst. Es gibt ein Rathaus, mindestens eine Kirche und irgendeine alte Stadtmauer. Es kommt doch darauf an, die Menschen kennenzulernen und nicht etwa, die Bauwerke zu fotografieren." Wo er Recht hatte, hatte er Recht.

In den Emiraten ist unglaublich viel passiert in den letzten fünfzig, sechzig Jahren. Aus einem Dorf ohne wirkliches Trinkwasser, mit Palmwedelhütten, sogenannten *barasti* und Menschen, die einzig allein die Kleidung hatten, die sie auf dem Leib trugen, hat sich in nur wenigen Jahren eine Finanz- und Wirtschaftsmetropole entwickelt, die ihres Gleichen sucht. Als 1962 eine Pockenepidemie in Dubai ausbrach und vielen Menschen das Leben kostete, entschieden die Briten, zwei medizinisch geschulte Mitarbeiter mit Impfstoff ausgerüstet nach Abu Dhabi zu schicken. Diese Impfaktion wurde von den Briten gleichzeitig dazu genutzt, eine Volkszählung im Emirat durchzuführen. Die Oase Liwa, in der nicht geimpft wurde, schätzte man auf etwa 3000 Einwohner, in Al Ain impften die Briten 5000 und in Abu Dhabi 3500 Menschen. Heute hat Abi Dhabi 1,14 Millionen Einwohner, verfügt über mehrere Universitäten, internationale Museen, unendlich viele Hotels und Einkaufsmalls. Die Stadt ist nicht nur Hauptstadt des Emirats Abu Dhabi, sondern gleichfalls Hauptstadt der Vereinigten Arabischen Emirate. Da mit der eigentlichen städtebaulichen Entwicklung erst in den neunzehnhundertsechziger Jahren begonnen wurde, verlief hier einiges anders, als in Dubai. Scheich Shakhbut, der das Land von 1928 bis 1966 regierte, tat relativ wenig für die Entwicklung der Stadt. Durch die expandierende Ölindustrie kam jede Menge Geld in die Kassen des Scheichs. Dieses wurde jedoch nicht in Infrastrukturprojekte investiert, sondern es wurde gespart. Scheich Shakhbut hatte die Vorstellung, dass die Gelder für den Fall genutzt werden sollten, wenn es darum ging, einen Angriff von außen abzuwehren oder die Folgen einer Naturkatastrophe zu beherrschen. Ein solches Ereignis hatte sich 1959 in der Stadt zugetragen, als die gesamte Insel von einem Hochwasser verwüstet wurde. Zu dieser Zeit gab es in Abu Dhabi noch keine Corniche, die Schutz vor dem überraschenden Hochwasser hätte bieten können. Die Bewohner wurden in einer Winternacht vom steigenden Pegel des Persischen Golfs kalt erwischt. Teilweise stand das Wasser kniehoch auf der Insel und beschädigte alle Hütten. Die Briten leisteten nach einer Woche Hilfe mit Decken und Konserven. Allerdings wussten die meisten der Einwohner nichts mit den Konserven anzufangen, da sie so etwas nie zuvor gesehen hatten, noch die englische Aufschrift auf den Banderolen der Konserven lesen konnten. Niemand wusste so recht, wie man die Konservendosen öffnen und deren Inhalt essen sollte.

Zu Beginn der sechziger Jahre wurde klar, dass es ausreichend Verwaltungsgebäude für die expandierende Ölindustrie und die verschiedenen Ministerien des Emirats in der Stadt brauchte. Zudem musste vernünftiger Wohnraum für die Bewohner Abu Dhabis geschaffen werden. Allerdings geschah dies meist ohne sorgfältige stadtplanerische Begleitung. Man baute mehr oder weniger, wo und wie man wollte. Scheich Shakhbut selbst war mit dieser Entwicklung unzufrieden und erließ kurzerhand einen Baustopp für alle neuen Projekte. Erst ab 1966 sollte sich dies wieder ändern und alle verfügbaren Einwohner, die eine Ausbildung hatten, lesen und schreiben konnten, wurden in den Prozess der Stadtplanung und den Aufbau einer zeitgemäßen, funktionierenden Infrastruktur eingebunden. Nicht wenige arbeiteten in mehreren Ministerien gleichzeitig bis an ihre Belastungsgrenze, um den Stau in der Verwaltung abzubauen, neue Projekte zu entwickeln und die wirtschaftlichen Prozesse des Landes zielgerichtet im Sinne Abu Dhabis zu gestalten.

Mit Übernahme der Macht durch Scheich Zayed herrschte Aufbruchsstimmung im Land. Denn man hatte all die Jahre vorher gehofft, dass etwas von dem Geld aus der Ölförderung und -produktion auch bei der Bevölkerung ankommen würde. Als eine erste Amtshandlung ließ Scheich Zayed die Geldspeicher öffnen und verschenkte die dort angehäuften Gelder an die Bevölkerung. Jeder der in Not war, konnte sich bei ihm im Palast melden und bekam Geld. Dieses Angebot galt nicht nur für die Einwohner Abu Dhabis, sondern genauso für Bewohnern benachbarter Emirate. Die Schlange an Menschen, die sich daraufhin vor dem Palast einfanden, muss enorme Ausmaße angenommen haben. Scheich Zayed fühlte sich seinem Land und seinen Leuten verpflichtet und gilt wohl ohne Frage als jemand, der sich kaum wie ein anderes Staatsoberhaupt für die Interessen seiner eigenen Bevölkerung einsetzte.

Wenn man allerdings heute in die Emirate fährt, um etwas von der Kultur und den Lebensgewohnheiten der Menschen zu erfahren, so ist Abu Dhabi Stadt mit einem geschätzten Ausländeranteil von 80 Prozent dazu eher weniger geeignet. Wir kannten all die Malls in Dubai, eine größer, schöner, besser, gigantischer, als die andere. In Abu Dhabi ähneln sie denen in Dubai fast wie ein Ei dem anderen. Verdankt Hamburg seine Einkaufspassagen dem oftmals mit Nieselregen durchsetzen Tagen, so ist der Grund für Shopping-Malls in den Emiraten wohl auch wie in Hamburg in erster Linie auf das Wetter zurückzuführen. Allerdings ist es hier nicht der Nieselregen, der den Ausschlag gibt. Es liegt eher daran, dass niemand wirklich Lust hat, bei 40 Grad Celsius Außentemperatur von Geschäft zu Geschäft zu laufen. Da ist es weitaus praktischer, in eine Mall einzuchecken und mehrere Stunden angenehm klimatisiert durch die Gänge zu flanieren. Das Angebot ist wenig mehr verlockend, als in deutschen Einkaufsmalls. Nur größer. Man könnte auch sagen: Viel mehr desselben. Allerdings bieten diese Einkaufsmalls kostenlose und angeregte Unterhaltung, wenn man sich ein wenig Zeit nimmt und daran macht, die Besucher zu beobachten. Ein Bekannter, der die Emirate mit dem Kreuzfahrtschiff besucht hatte, outete sich als Kenner des Landes und seiner Eigenheiten.
„Du kannst ja dort auch Ski fahren. Unglaublich. Die haben dort unter einer Kuppel nicht nur einen Lift und eine

Abfahrtstrecke. Du kannst ja sogar eine Pinguin-Show besuchen."

Toll. Wahrscheinlich war er einer derjenigen, die man an den großen Scheiben von Ski Dubai in der „Mall oft he Emirates" stehen sieht und die sich die Nasen platt drücken, als wäre dies eine unglaubliche, unbeschreibliche und beispiellose Sensation. Denn das hat man ja vorher noch nicht gesehen. Schnee! Außerdem in der Mall: Spiel, Spaß und Spannung auf insgesamt 223.000 Quadratmetern und mit mehr als 400 Geschäften. Und warum denn danach nicht noch schnell in diesen tollen Laden gegenüber und eine Jeans kaufen, die man zwar auch in Deutschland bekommen hätte, allerdings dann seinen Freunden, Bekannten und der Familie nicht erzählen könnte, dass sie eigentlich aus Dubai stammt. Natürlich trifft man in diesen Malls auch „Ureinwohner". Meist sind es Familien mit zwei oder drei Kindern, die an den Schaufenstern entlangschlendern und immer wieder von ihren Kindern in den ein oder anderen Laden hineingezogen werden. Nach wenigen Minuten kommen sie dann mit einer riesigen Einkaufstüte mehr aus eben diesem Geschäft und die Kinder, noch ein verzücktes Strahlen im Gesicht, haben schon das nächste tolle Spielzeug im Laden schräg gegenüber entdeckt.

Frauen zu dritt oder viert, alle in schwarzer Abaya und einem schwarzen Schleier als Kopfbedeckung, wandeln entspannt und miteinander redend durch die weiten Gänge der Mall und biegen wie auf Kommando erst einmal in ein Dessous-Geschäft ab. Das kann jetzt eine Weile dauern. In Deutschland würde man das Ergebnis dieses Einkaufserlebnisses der Damen wohl als mittelschweren Exzess bezeichnen. Das jedoch nehmen wiederum die anderen Besucher, die es in ihren leicht beschmutzten pakistanischen Gewändern in die Malls zieht, kaum wahr.

Denn für sie zählt es, sich nach anstrengenden Tagen irgendwo draußen auf einer Baustelle mit 40 Grad Celsius Temperatur im Schatten, mal ein wenig abzukühlen, hier in der wohltemperierten Mall. Ob die Geschäfte gerade wieder einmal Sale haben oder die neuste Uhr aus der Schweiz eingetroffen ist, zählt für diese Kollegen nicht. Sie schicken das meiste Geld ohnehin nach Hause zur Familie.
Die Wachmänner, die in ihren schwarzen, schlecht sitzenden Uniformen und mit Walkie-Talkie durch die Malls patrouillieren, interessieren sich nicht für sie. Es macht eher den Eindruck, dass das Wachpersonal mehr ein Teil der gekonnten Inszenierung ist, so etwas zu einer Mall dazugehört, als irgendeinen wirklichen Auftrag zu haben. Kaum vorstellbar, dass irgendjemand in den Emiraten einen Ladendiebstahl begeht. Es ist eines der wenigen Länder in dem man aus eigener Erfahrung seine Geldbörse offen liegen lassen kann und sie immer noch da ist, wenn man fünf oder zehn Minuten später wiederkommt. Wobei ich mir ehrlich gesagt heute in Dubai nicht mehr ganz so sicher wäre, was das anbelangt.

Abu Dhabi, so hatten wir es geplant, war für den letzten Tag vorgesehen. Und dann auch nur der Besuch der Scheich Zayed Grand Moschee. Einkaufszentren, Beach-Resorts und Hochhausgucken wollten wir gern allen anderen überlassen, die mit uns im Flieger saßen. Der Allradwagen hatte die richtige Größe und einen vernünftigen Antrieb. Sechs Zylinder sollten es schon sein, um sicher in der Wüste fahren zu können. Zusätzlich braucht man ein paar breitere Reifen als die, die so mancher Großstadt-SUV zu bieten hat und mit denen man vielleicht bequem den Bordstein hoch- und wieder runterfahren kann. In der Wüste würde man damit nicht weit kommen und wahrscheinlich schon in der ersten

Düne steckenbleiben. Freilich waren wir auf dem ersten Abschnitt unserer Reise nicht wirklich auf die gemieteten PS und das vorzügliche Fahrwerk angewiesen. Denn zunächst ging es vom Flughafen auf die naheliegende Autobahn, den Abu Dhabi-Ghweifat International Highway, westwärts in Richtung Saudi-Arabischer Grenze. Seit meinem letzten Besuch hatte man ihn achtspurig ausgebaut und mit einer prächtigen Beleuchtung versehen. Es war ein angenehmes Cruisen, bei arabischer House-Music aus dem Autoradio und fast keinem Verkehr. Jetzt, mitten in der Nacht waren nur wenige LKW unterwegs, während des Tages sieht es auf dieser Autobahn durchaus anders aus. Schwere LKW bringen jede Menge an Waren und Gütern von der saudischen Grenze bis hinüber in den Oman. Davon war jetzt wenig zu bemerken. Nach etwa 120 Kilometern bogen wir auf die Straße nach Madinat Zayed ab, die uns auch weiter nach Liwa bringen sollte.

Meine erste Reise nach Liwa und andere Strecken auf der Arabischen Halbinsel im Kopf, hatte ich vor, auf dieser zwar gut ausgebauten, aber dennoch völlig verlassenen Straße vorsichtig zu fahren. Denn Kamele sind auch des Nachts unterwegs. Wenn man in Deutschland mit einem Wildschwein oder Reh kollidiert, endet es für das Tier meist tödlich und für den Wagen mit einem mehrtägigen Werkstattaufenthalt. Wenn man jedoch in Arabien mit einem Kamel kollidiert, ist die Grütze am Dampfen. Denn Kamele gehören immer irgendjemandem. Und Kamele sind auch in der heutigen Zeit, in der sie nicht mehr für den Transport von Waren gebraucht werden, immer noch mehr, als nur ein Kamel. Ein Spruch im Arabischen lautet: Es gibt 99 Namen für Gott. Und den hundertsten Namen für Gott kennt nur das Kamel.

Kamele waren die wohl wichtigsten Begleiter der Beduinen und ohne Kamele wären Reisen durch die Arabische Halbinsel kaum möglich gewesen. Mit ihrer Ausdauer und Genügsamkeit transportierten sie nicht nur Menschen und Lasten, sie dienten ebenso dazu, Milch zu geben. Wenn die Beduinen durch die Wüste zogen und nach langer Wanderung eine Wasserstelle auftaten, so waren es die Kamele, die zuerst tranken. Und das können durchaus bis zu 200 Liter sein. Nicht wenige Karawanen verschwanden für immer spurlos in der unendlichen Weite der Wüste, weil ihre Kamele nicht genug Wasser oder Nahrung bekamen. Die Wasserstellen lagen manchmal 50 bis 60 Kilometer voneinander entfernt. Und wenn erst die Kamele tot sind, dann ist es nur noch eine Frage kurzer Zeit, bis der Mensch in der Wüste das gleiche Schicksal erfährt. Wenn es auf einer solchen Reise gar nichts mehr zu essen gab, dann kam auch schon mal Kamel auf den Teller.

Wer allerdings ein Kamel mit dem Auto anfährt oder überfährt, der sollte sich schon einmal ganz warm anziehen. Kamele interessiert es nicht, wenn ein Auto kommt. Vor Jahren war ich auf einer Autobahn durch die Wüste im Oman unterwegs. Rechts und links der Straße endlose Weite, nur Sand, keine Dünen. Alle paar Kilometer hatte es einen stationären Blitzer, den man schon von Weitem sah. Auf der Autobahn hatte es zu jeder Seite eine Leitplanke, die von Zeit zu Zeit unterbrochen war. Scheinbar sollte den Fahrern die Gelegenheit gegeben werden, auch mal drehen zu können, wenn sie denn zu weit gefahren waren oder in ihr Camp auf der anderen Seite gelangen wollten. Während ich durch die scheinbar endlose Weite fuhr, sah ich in einiger Entfernung von rechts, ganz langsam ein Kamel auf die Fahrbahn zulaufen. Fahr mal ein bisschen langsamer, man kann ja nie wissen, dachte ich. In der Tat betrat das Kamel die Fahrbahn und hatte vor, die Autobahn zu überqueren. Ich wurde langsamer, hielt an und wollte das Kamel erst einmal passieren lassen. Nicht, dass es sich anders überlegt und wieder zurücklauft. Das Kamel gelangte an die Mittelleitplanke und stieß in vollem Schwung mit einem seiner Hufe dagegen. Dem Geräusch nach hatte sich die Mittelleitplanke gerade weh getan. Das Kamel schaute ob des Geräuschs und Widerstandes erst nach rechts, dann nach links, drehte in Fahrtrichtung der Autobahn und lief an der Leitplanke entlang, bis diese unterbrochen war, um dann in aller Ruhe die Gegenfahrbahn zu überqueren. Es wirkte so, als wenn es sagen wollte: „Wenn ich hier mal über die Straße muss, dann hab' ich Vorfahrt. Ist schließlich meine Wüste!"

Immerhin bemerkte ich bereits recht schnell, dass auch diese Straße nach Liwa nicht mehr die von damals und genauso wenig mit freilaufenden Kamelen zu rechnen war. Dattelpalmenpflanzungen auf dem Mittelstreifen und einer brillanten Beleuchtung, wie sie der ein oder andere eventuell noch von der AVUS in Berlin kennt. Damals, als der Senat noch Geld für Strom hatte und man nachts mit dem richtigen Auto auch gefahrlos ein kleines Rennen fahren konnte.
Irgendwann tauchten die ersten Häuser von Madinat Zayed auf und ich erkannte die Tankstelle wieder, an der ich damals vollgetankt und mir sechs Liter Wasser für die weitere Reise nach Liwa gekauft hatte. Ansonsten schien die Stadt eine andere zu sein. Aber da im Dunkeln ohnehin alles anders aussieht als am Tage, philosophierte ich zwar noch eine Weile darüber, fuhr mit meiner Süßen aber entspannt in Richtung unseres Hotels weiter.

Es muss gegen halb vier, vier Uhr morgens gewesen sein, als wir am Hotel ankamen. Und es war Stille. Kein Geschrei auf der Straße, kein Motorenlärm, nichts. Im Hotel war ein Kellner gerade dabei, die Frühstückstische vorzubereiten und der Kollege an der Rezeption döste in seinem Office vor dem Computer. Das Hotel hatte aber noch etwas, was die meisten Hotels heutzutage nicht mehr haben: Eine Klingel auf der Rezeption. Ein „Klingeling" ließ den Nachtportier hochfahren und desorientiert in unsere Richtung schauen. Schließlich kam er und gab uns unseren Zimmerschlüssel. Das Zimmer hatte eine vorzügliche Größe, so wie man es aus den Emiraten kennt. Ausreichend ausgestattet, eine nette Terrasse und wir fielen nach kurzer Dusche in das Bett, um am nächsten Morgen pünktlich beim Frühstück zu sein und einen ersten Überblick zu bekommen.

Gegen acht Uhr morgens wurden wir aus dem Schlaf gerissen. Motorenlärm erfüllte nicht nur das Zimmer, sondern genauso den Parkplatz vor dem Hotel. Es war Freitag und Freitag ist Wochenende in den Emiraten. Was also liegt näher, als das Wochenende in vollen Zügen zu genießen. Der frühe Vogel pickt den Wurm! Rein in die Jeeps, Toyotas, die Desert Sand Buggies und anderen Allradfahrzeuge, die Motorenumdrehungszahl noch einmal gewissenhaft prüfen und dann ab in die Wüste. Was in Palermo die Mopeds in den engen Gassen, sind in der Wüste die allradgetriebenen Sechs- und Achtzylinder. Nach unserer frühen Ankunft war es definitiv zu zeitig, um jetzt schon zum Frühstück zu erscheinen. Stattdessen drehten wir uns noch einmal für weitere neunzig Minuten um.
Beim Frühstück dann, saßen kaum andere Gäste, eine arabische Familie mit ihren Kindern und zwei oder drei Paare, die scheinbar aus Abu Dhabi zum Wochenende in die Wüste

gekommen waren. Im Pool tobte eine indische Familie, die Kinder sorgten mit ihren aufgeregten Bewegungen dafür, dass der Sauerstoffgehalt des Wassers aufgebessert wurde, die Mutter saß im langen Sari unter dem Sonnenschirm auf einer Liege. Während der Vater seine Sprösslinge im Pool beobachtete, telefonierte er aufgeregt mit dem Handy am Ohr und es schien so, als würde er sich lieber um seine Geschäfte vom Büro aus kümmern. Wir beschlossen, uns nach dem Frühstück erst einmal um ein paar Liter Wasser im Supermarkt zu kümmern und eine Lage über die Situation vor Ort zu gewinnen. Zudem wollten wir auf jeden Fall noch etwas Weihrauch und einen Weihrauchbrenner besorgen. Dies war unsere Grundausstattung, wenn wir auf die Arabische Halbinsel fuhren. Nach einem langen, ereignisreichen Tag noch ein wenig auf der Terrasse oder dem Balkon zu sitzen, die kühle Abendluft und den Sternenhimmel bei einem Gespräch zu genießen und dabei den Geruch von Arabien in Form von Weihrauch in der Nase zu haben.

Also fuhren wir die Düne, auf der das Hotel lag, hinunter in die kleine Ortschaft. Die Liwa Oase ist keineswegs ein einzelner Ort in der Rub Al Khali. Vielmehr erstreckt sich die halbmondförmige Oase in Ost-West-Richtung über etwa 150 Kilometer. Westlichster bewohnter Ort ist Aradah, auf östlicher Seite der Oase ist es Masdar bin `Usayyan. Das Zentrum ist mehr oder weniger Mezairaa oder auch Liwa-Town, die Kreuzung, an dem die Straße aus Madinat Zayed auf die Ost West-Verbindungsstraße trifft, die durch die gesamte Oase führt. Mezairaa hatte sich von einem verschlafenen kleinen Dorf mit Lehmhütten und einer Moschee seit meiner ersten Reise zu einem gut ausgebauten größeren Dorf oder kleinerem Städtchen entwickelt: Einige neue Häuser mit etlichen kleinen Geschäften und einem Frisör, eine Tankstelle, ein Gebäude für die Bezirksverwaltung, das große Gebäude für die landwirtschaftliche Kooperative und auf dem Hügel über der Stadt der Palast. Allerdings trifft diese Beschreibung bzw. Namensgebung nicht ganz den Punkt. Denn aus geschichtlicher Betrachtung gibt es an diesem zentralen Verkehrspunkt mehr Orte, als nur Mezairaa: Zafir, Jayf, Giffen, Al Mariah, Muzayri, Garmada, Alyhyali. Jedoch gehen diese ineinander über und sind nicht wirklich voneinander zu trennen. Sicherlich, vor vielleicht noch siebzig oder achtzig Jahren hätten die Einwohner ganz genau gewusst, in welchem der Orte sie leben. Wobei der Begriff „Ort" mehr oder weniger für ein paar Palmenhütten und Zelte von Beduinen gestanden hätte. Während man die einzelnen beschriebenen Ortsteile heute in weniger als zehn Minuten mit dem Auto erreicht, so ist es leicht vorstellbar, dass eine Reise zwischen den einzelnen besiedelten Orten zu Fuß vor 100 Jahren noch zwei oder drei Stunden gedauert hätte. Um keine Verwirrung mit verschiedenen Ortsteilen oder Ansiedlungen zu stiften und Sie als Leser nicht detailversessen zu irritieren, werde ich mit Liwa den Ort am Knotenpunkt der beiden oben erwähnten Straßen bezeichnen. Jede Fahrt, die wir von hieraus gemacht haben, werde ich, soweit möglich, mit dem entsprechenden Namen der besuchten Siedlungen entsprechend beschreiben.

Nach kaum zehn Minuten waren wir vom Hotel aus in Liwas „High Street", der Geschäftsstraße des Ortes, angekommen. Von der gegenüberliegenden Moschee kam der Ruf des Muezzins, es war Zeit für das Mittaggebet am Freitag. Der kleine Obst- und Gemüsemarkt hatte bereits geschlossen, genauso wie die meisten anderen Geschäfte. Lediglich der Supermarkt der Kooperative hatte noch geöffnet. Dort erhielt man alles, was man in einem Supermarkt zu finden hofft. Was sie allerdings nicht hatten, war Weihrauch. Es gab indische Durfträucherstäbchen, elektrische Weihrauchbrenner, diverse exotische Raumdüfte aber keinen Weihrauch. Von den drei Angestellten hatte auch keiner eine Idee, wo wir diesen bekommen könnten. Zugegebenermaßen war dies eine neue Erfahrung für uns. Denn an jedem anderen Ort unserer Reisen war es relativ einfach und schnell möglich, ein Tütchen dieses getrockneten Baumharzes aus dem Süden des Oman zu bekommen. Und bevor der Flughafen in Dubai umgebaut wurde und man noch durch eine kleine Schiebetür auf die Straße hinaustrat, war es jedes Mal aufs Neue eine Freude für die Nase, den Duft des Orients, einen leichten Hauch von Weihrauch, vor dem Flughafengebäude wahrzunehmen. Sesam öffne Dich!

Da wir ohnehin tanken mussten und die Tankstelle nur wenige Meter entfernt vom Supermarkt lag, meinten wir, dass der Tankwart mit Sicherheit wüsste, wo es denn hier in Liwa Weihrauch zu kaufen gibt. Einmal volltanken, knapp 50 Liter Super-Benzin für umgerechnet knapp 21 Euro und vielleicht sogar noch die Chance auf einen kompetenten und auskunftsfreudigen Tankwart hinter der Kasse. Aber leider erneut Fehlanzeige. Der Kollege kam aus Indien und hatte mit Weihrauch nicht viel am Hut.

Also ging ich zurück zum Auto, als neben uns ein Wagen parkte, aus dem vier Araber in schneeweißen Dishdashas stiegen und im Verkaufsraum der Tankstelle verschwanden. Ich stieg ins Auto und berichtete meiner Freundin D. von meinem vergeblichen Versuch, Informationen aus dem Tankwart herauszuholen. Als wir gerade losfahren wollten, kamen die vier jungen Araber aus der Tankstelle, jeder ein Eis am Stiel in der Hand.

„Frag die doch mal. Die sollten doch wissen, wo wir Weihrauch bekommen", sagte D. zu mir.

„Gute Idee", erwiderte ich, stieg aus dem Wagen und ging auf die Jungs zu.

„As Salam alaihkum, sorry, do you know where do we get some frankincense?"

Die Jungs schauten erst mich, dann sich gegenseitig an, nachdem sie meinen Gruß erwidert hatten und gaben mir halb auf Arabisch, halb auf Englisch zu verstehen, dass sie nicht so gut englisch sprechen würden, um zu wissen, was ich denn wolle. Aber ihr Freund käme gleich mit einem anderen Auto und der spricht fließend englisch. Kaum hatten sie es ausgesprochen, kurvte ein weiterer SUV an die Tankstelle und zwei Männer, ebenfalls traditionell in schneeweiße Dishdashas gekleidet und mit Ghutras auf dem Kopf, sprangen heraus. Wir gingen hinüber zu den beiden und in der Tat, einer der zwei, Hamid\*, sprach ein tadelloses Englisch. Ja, der Verkauf von Weihrauch wäre hier in dieser Gegend nicht so verbreitet aber wir sollten es doch mal in einem Supermarkt in Madinat Zayed probieren.

Noch während ich mich mit ihm unterhielt, waren die anderen Vier zurück zu ihrem Auto gegangen, kamen auf uns zu und bremsten kurz ab. Das Fahrerfenster fuhr hinunter und der Fahrer unterhielt sich kurz mit Hamid. Das Fenster schloss sich wieder und Hamid sagte zu mir: „Die möchten Euch gern zum Essen einladen."

„Danke, aber wir haben heute noch etwas vor."

„Sie bestehen darauf."

Gut, wenn man zu einer Mahlzeit eingeladen wird und jemand sogar darauf besteht, dann diskutiert man nicht auf der Arabischen Halbinsel.

„Fahrt denen einfach hinterher. Ich komme etwas später nach."

Ich ging zum Auto, stieg ein und während ich losfuhr, berichtete ich D. von der Begegnung und dem Gespräch.

„Wie? Und wir fahren denen jetzt hinterher?"

„Ja. Hamid sagte, sie hätten darauf bestanden."

„Ja, aber wohin fahren wir denn jetzt genau?"

„Zum Mittagessen. Wo genau das jetzt ist, weiß ich auch nicht. Hat er nicht gesagt."

Ich musste mich auf den Wagen mit den Vieren vor mir konzentrieren. Sie kannten sich nicht nur im Ort genauestens aus, sondern hatten auch mächtig Hunger. So jedenfalls ließ sich der Fahrstil deuten, der auf Geschwindigkeitsbeschränkungen wenig Rücksicht nahm.

„Wir fahren denen jetzt hinterher, weil der uns zum Mittagessen eingeladen hat?"

„Ja genau."

D. kannte mich lange genug, um zu wissen, dass es Situationen gibt, in denen man mich einfach mal machen lässt. Auch wenn sie sich wahrscheinlich ihren Teil dabei dachte und eventuell ein klein wenig der Überzeugung war, es könnte auch gefährlich sein.

Meine Oma hätte mir wahrscheinlich gesagt: „Junge, Du kannst doch nicht einfach wildfremden Menschen hinterherfahren. Und dann noch Arabern! Hast Du denn nicht die Nachrichten gesehen? Guck doch mal, was da alles passieren kann!"

Da es jedoch nicht das erste Mal war, dass ich in Arabien zum Essen eingeladen wurde, ohne die Gastgeber vorher wirklich zu kennen, hatte ich eine gewisse Vorfreude. Man weiß vorher nie, welche interessanten Begegnungen sich aus solch einer Einladung ergeben.

Inzwischen waren wir aus der Ortschaft herausgefahren und in Richtung Süden abgebogen. Kurz nach dem zweiten Kreisverkehr, den wir passierten, sah man keine Häuser mehr rechts oder links der Straße. Nur noch Sand. Dieser war teilweise auf den relativ neuen Asphalt geweht. Mit einer normalen Limousine und bei dem Tempo, in dem wir fuhren, hätte es in den Kurven höchstwahrscheinlich auch schon den ersten Abflug von der Straße gegeben. Es war ein wenig wie in einem Film. Zwei weiße SUVs fahren in hohem Tempo durch die Wüste, eine Staubfahne hinter sich herziehend. Ziel unbekannt, aber verfolgt von der Kamera einer Drohne, ohne dass es die Fahrer bemerken.

„Hat er nicht gesagt, wo genau wir hinfahren? Ich meine, irgendwie in ein Dorf oder so?", kam die Frage vom Beifahrersitz.
„Nein, er hat nur gesagt, dass sie darauf bestehen, dass wir mit ihnen zum Essen kommen."
„Ja, aber wir fahren doch jetzt immer weiter in die Wüste hinein."
„Na ja, vielleicht wohnen sie ja irgendwo hier draußen."

„Aber hier ist doch nichts. Nur Sand."
„Ja, viel Sand. Und Dünen aus Sand. Aber guck mal da. In der Senke stehen ein paar Zelte und ein paar Kamele."

In der Tat fuhren wir in eine breite und lange Senke mit scheinbar festem Sand hinunter, der auf seiner Oberfläche weiß schimmerte. Es waren kristalline Strukturen, getrocknetes Salz auf der oberen Schicht des Wüstensandes. Ein wenig entfernt konnte man mehrere schwarze Zelte sehen. Nicht weit entfernt von den Zelten liefen etwa fünfzehn bis zwanzig Kamele langsam durch die Gegend.

Wir kannten uns beide gut genug, um zu wissen, dass wir jetzt eigentlich ein Foto hätten machen wollen. Aber das ging nicht, denn der Wagen vor uns hielt sein Tempo. Inzwischen waren wir wohl gut zwanzig Minuten aus der Stadt heraus und es sah nicht danach aus, als wären wir in Kürze am Ziel. Auf der anderen Seite konnte die Fahrt jetzt auch nicht mehr allzu lange dauern, denn irgendwann kam in der Richtung, in die wir fuhren, die Grenze zu Saudi-Arabien. Weitere zehn Minuten später parkten wir vor einem Camp mit mehreren Zelten und Wohnwagen. Vor dem Camp standen bereits einige SUVs, manche von ihnen hatten Anhänger, wie man sie benutzt, um Autos aufzuladen. Das Camp war mit etlichen Flaggen an hohen Masten dekoriert, zwischen den Zelten verliefen etliche Reihen Kabel, an denen Glühbirnen zu sehen waren. Später stellten wir fest, dass fast alle Camps in der Wüste auf eben diese Weise dekoriert waren.

Wir stiegen aus dem Auto und ein Mann kam aus einem der Zelte auf uns zu, begrüßte uns und lud uns ein, näher zu treten. Das Zelt, in welches gebeten wurden, hatte eine offene Seite, vor der sich ein großer Ofen mit Grill befand.

Drumherum waren etliche Stühle und Kissen aufgereiht. Im Zelt selbst stand ein großer Tisch mit vielen Stühlen. Da alle ihre Schuhe auszogen, bevor sie das Zelt betraten, folgten wir dem Beispiel der anderen.
Der Mann führte uns durch das Zelt hindurch in ein anderes Zelt. Dort saßen ein paar Araber auf Stühlen, andere lagen gemütlich auf Kissen.
Das Zelt war bestens klimatisiert, hell und die Innenseite des Zeltstoffes mit Ornamenten bedruckt.

Wir setzten uns auf Sitzkissen und kaum, dass wir saßen, hielten wir schon einen schwarzen, starken arabischen Kaffee in der Hand. Der Mann, der uns in das Zelt gebracht hatte, sprach noch kurz mit einem der anderen im Zelt und verschwand. Niemand schien wirklich Notiz von uns zu nehmen, denn man war entweder dabei, ein Nickerchen zu machen oder sich gegenseitig Musikvideos auf dem Smartphone zu zeigen.

Wir saßen bereits eine Weile im Zelt, als uns schließlich jemand fragte, wo wir denn herkommen und was wir in Liwa machen würden. Als wir begannen, zu erzählen, dass wir beide Deutsche und in Liwa sind, um uns die Gegend näher anzusehen, stieg ein zweiter ins Gespräch ein. Ein weiterer Kaffee wurde eingeschenkt und einer unserer beiden Gesprächspartner erzählte, dass er im letzten Jahr mit Freunden in Deutschland Urlaub gemacht hätte. Fotos wurden auf dem Smartphone herausgesucht und wir sahen die Jungs, die hier in ihrer traditionellen Kleidung vor uns saßen, auf einem Campingplatz in den Alpen vor ihrem Wohnmobil. Schwer begeistert erzählte er von den hohen Bergen und dem Schnee, den sie dort im Sommer für kurze Zeit hatten.

Der Vorhang des Zeltes öffnete sich und Hamid kam hinein, um uns und die anderen im Zelt aufzufordern, in ein anderes Zelt zu wechseln. Dort setzen wir uns wiederum auf Kissen und Hamid meinte, jetzt werde das Essen vorbereitet, während ein Pakistani, offensichtlich bei den Emirati angestellt, Tische für ein Hotelbuffet aufbaute, Buffetwärmer hereinbrachte, die anderen Jungs flache Tische zusammenstellten und Kissen davor aufreiten. Es wuselte im Zelt und schließlich brachte der Pakistani die Schalen mit dem Essen, die er in den Buffetwärmern platzierte. Geordnet und in Reihe stellten sich unsere Gastgeber am Buffet an, während uns Hamid erklärte, was in den einzelnen Gefäßen an Speisen zu finden war. Huhn, Lamm, Gemüse, Reis, alles frisch zubereitet und köstlich. Nach traditioneller Art aßen unsere Gastgeber, mit denen wir jetzt um die flachen Tische herum auf Kissen saßen, mit der rechten Hand. Dabei wurde die Hand ein wenig mit Joghurt angefeuchtet, der Reis genommen und mit der Hand zu einem kleinen Ball geformt.
„Vielleicht wollt Ihr einen Löffel haben. Das ist für Euch wahrscheinlich einfacher. Haben wir alles da."
Wir lehnten ab, denn wenn wir schon mit diesen gastfreundlichen Menschen am Tisch saßen, benötigten wir keine Extrawurst. Hamid griff auf den Teller von D., nahm ein Stück Fleisch herunter und legte ihr ein anderes darauf.
„Das ist zu fettig, nichts für Dich! Das andere ist besser, probier's!"
Während des Essens gab es lebhafte Gespräche zwischen unseren Gastgebern. Hamid erzählte uns, dass er, seine Familie und Freunde dieses Camp jedes Jahr im Herbst aufbauen würden. An den Wochenenden kommen sie dann meist aus Abu Dhabi herüber, wenn sie nicht zum Fischen ans Meer fahren. Ende März würde es dann langsam zu warm

und bis zum nächsten Herbst wird das Camp wieder abgebaut und nach Abu Dhabi gebracht.
„Wir haben hier alles. Elektrischen Strom mit einem Generator, Klimaanlagen, Toiletten, Duschen und jeder hat sein eigenes Zelt oder Wohnwagen."

Innerhalb kürzester Zeit waren wir ein Teil dieser Gemeinschaft geworden, die sich hier an den Wochenenden traf und für sie völlig Fremde in ihr Camp einlud. Für europäische oder deutsche Verhältnisse mag dies ein wenig seltsam und ungewöhnlich sein. Allerdings haben Araber, und noch dazu mit dem kulturellen Hintergrund von Beduinen, dazu eine andere Auffassung. Es gibt verbürgte Geschichten, in denen davon erzählt wird, dass Beduinen zu Ehren eines Gastes und zur Freude darüber, jemanden kennengelernt und in ihrem Lager aufgenommen zu haben, ein Kamel zu Ehren dieses Gastes schlachten.

Wilfred Thesiger berichtet in seinem Buch „Die Brunnen der Wüste" von einer Begebenheit, die er auf seinem Weg durch die Rub Al Khali in den Endvierziger Jahren des zwanzigsten Jahrhunderts erlebte. Zusammen mit seinen Reisegefährten, Beduinen vom Stamm der Raschid, lagerte er am Rande der Wüste, als sich ein alter Mann in abgerissenen Kleidern dem Lager näherte. Thesiger vermutete, dass der alte Mann zum Betteln gekommen sei und von seinen Begleitern wieder vertrieben wird. Stattdessen bereiteten sie diesem ärmlichen Alten einen wundervollen Empfang, legten ihm einen Teppich aus und tischten auf, was an Essen vorhanden war. Thesiger verstand die Situation erst nicht und erfuhr später, um wen es sich handelte. Der Alte, vom Stamme der Bait Imami, besaß selbst einmal genügend Kamele und war einer der wohlhabendsten Männer seines Stammes. Er war derart gastfreundlich, dass, wer immer zu ihm kam, mit seiner Hilfe rechnen konnte. Bin Kabina, einer der Reisegefährten Thesigers erzählte ihm auf seine Frage, ob er wohl so arm sei, weil er beraubt wurde: „Nein. Seine Großzügigkeit hat ihn ruiniert. Keiner hat je sein Zelt betreten, ohne dass ein Kamel für ihn geschlachtet wurde. Bei Gott, er ist großzügig."

Thesiger selbst gehörte neben Thomas und Philby wohl zu den wichtigsten Reisenden auf der arabischen Halbinsel. Betram Thomas war der erste Europäer, der das Leere Viertel, die Rub Al Khali 1931 durchquerte. Harry St. John Philby, Vater des späteren Doppelagenten Kim Philby und enger Vertrauter des saudischen Königs Ibn Saud, entdeckte auf einer seiner Reisen durch das Leere Viertel die Wabar-Krater, während er auf der Suche nach der versunkenen Stadt Ubar war. Ubar, die Stadt von der im Koran berichtet wird, seine Bewohner hätten sich dem Propheten Hued widersetzt, woraufhin die Stadt zerstörte, hatte es Philby angetan. Als er auf einer seiner Reisen durch die Rub Al Khali die Umrisse der Wabar-Krater mit den Glasstrukturen im Sand sah, war er überzeugt, Ubar gefunden zu haben. Später stellte sich heraus, dass es sich nicht um Ubar, sondern um den Einschlagsort eines Meteoriten handelt.

Thesiger durchquerte das Leere Viertel erst 15 Jahre nach Thomas und Philby, steht aber in seiner Leistung den beiden nicht nur um nichts nach, sondern spielte in einer eigenen Liga. Er durchquerte die Rub Al Khali nicht nur zweimal, sondern hatte eine sehr viel engere Beziehung zu seinen Reisebegleitern, als alle vor und viele nach ihm. Er betrachtete die Reisen als eine Herausforderung für Körper und Geist, als eine spirituelle Erfahrung. Thesiger geriet in die Gefangenschaft des saudischen Königs, konnte mit

Verhandlungsgeschick seine Freilassung erwirken und wäre beinahe mehr als einmal auf seinen Expeditionen ums Leben gekommen. Beim Lesen seiner Bücher spürt man, wie eng er mit den Menschen der Wüste verbunden war, wie er ihre Kunst, in dieser menschenunwirtlichen Gegend zu überleben und ihre einfache Lebensweise bewunderte. Auf seinen Reisen besuchte er nicht nur Abu Dhabi, als es noch aus nur einem Palast und ein paar Hütten bestand, er war dort auch Gast von Scheich Shakhbut. Auf einer späteren Reise machte er Bekanntschaft mit dem damals noch nahe Al Ain lebenden Scheich Zayed und wurde von diesem zur Falkenjagd eingeladen, die er eindrucksvoll in seinen Reiseberichten beschreibt.

Allen drei Forschern war jedoch gemein, dass sie nicht über eine technische Ausrüstung verfügten, wie sie heute möglich wäre. Es gab kein GPS und Satellitentelefon, um eine Hubschrauberstaffel zur Rettung zu alarmieren. Auch die Begleiter der drei Forscher kannten sich nur begrenzt in der Wüste aus, da es für die Beduinen keinen wirklichen Grund gab, sich den Gefahren einer Durchquerung der Rub Al Khali auszusetzen. So mussten sie auf Erzählungen vertrauen, wo sich die nächste Wasserstelle befindet und immer hoffen, dass ihre Kamele während der Reise ausreichend Nahrung finden würden.

Unsere Gastgeber jedenfalls ließen uns nach dem Essen im Zelt zurück, während es für sie Zeit war, erneut zu beten. Vom Gebet zurück, wurden uns das Camp gezeigt. Jeder hatte entweder sein eigenes Zelt, in dem jeweils wahrscheinlich bis zu fünfzig Menschen Platz hatten oder einen Wohnwagen, der in der Größe den von deutschen Baustellen entsprach. Ein Wagen für sanitäre Einrichtungen, also Toiletten und Duschen mit fließendem Wasser und ein

Generator, mit dem man eine mittlere Kreisstadt hätte versorgen können, waren ebenso vorhanden, wie ein riesiger, im Sand halb eingegrabener Wassertank. Der Wohnwagen, in den wir nun geführt wurden füllte sich mit der Zeit mehr und mehr. Die einen machten ein Nickerchen, die anderen unterhielten sich mit uns. Ein Mann, älter als die anderen, stellte sich uns als Lehrer vor. Sein Name war Amin. Wir hatten den Eindruck, dass er neben Hamid die Autoritätsperson im Camp und Lehrer des ein oder anderen hier vor Ort war. Spaß kam auf, als wir aufgefordert wurden, unsere arabischen Sprachkünste zu demonstrieren. Während sich D. mit den Jungs über die Aussprache arabischer Wörter unterhielt und Vokabeln abgefragt wurden, gab mir Amin, der Lehrer, eine Lektion zu verschiedenen Versionen der Bedeutung arabischer Sätze hinsichtlich ihrer Betonung. Irgendwann brachte jemand eine Kiste Sonnenblumenkerne in die Runde und wir wurden darin unterrichtet, wie die Hüllen fachmännisch geknackt und deren Inhalt gegessen wird. Dazwischen wurde reichlich Kaffee und Tee nachgeschenkt. Immer wieder kam es vor, dass einer unserer Gastgeber auf den Kissen einschlief. Das hinderte die anderen nicht daran, den Schlafenden mit Späßen zu necken und sich darüber zu amüsieren. Es war eine völlig entspannte Atmosphäre. Es nachmittagte so vor sich hin. Hamid wollte wissen, was ich denn beruflich machen würde. Als ich ihm erzählte, dass ich als Zahnarzt arbeite, lächelte er mich an und klopfte mit seinem Zeigefinger gegen seine Frontzähne.

„Habe ich gerade machen lassen."

„Sehe ich, sind Veneers. Kann sein, dass es damit Probleme gibt."

„Ist nicht weiter schlimm, wenn sie irgendwann mal wieder abfallen, lasse ich mir neue machen. Geld ist nicht das Problem."

Amin grinste über unseren Wortwechsel und wechselte von seinen Erklärungen über zu einem gänzlich anderen Thema, nachdem ich ihn fragte, ob er denn noch als Lehrer arbeiten würde. Er erklärte mir, dass er einige der Jungs hier im Wagen unterrichtet hätte. Und seine Lieblingsfächer seien die naturwissenschaftlichen. Früher konnten die wenigsten Menschen in Abu Dhabi lesen, es gab nicht einmal eine richtige Schule. Die einzige Schule, wenn man sie denn so nennen wolle, war eine Koranschule. Diese bestand aus einer Palmwedelhütte, in der sich morgens an die zwanzig Schüler trafen. Wenn es regnete, tropfte das Wasser durch das Dach und eine Heizung, für die kalten Monate im Winter gab es nicht. Der Lehrer war Mullah Darwish bin Karam. Der war nicht nur Lehrer und Mullah, sondern gleichzeitig Poet, Frisör und Heiler in Abu Dhabi. Mullah Darwish unterrichte seine Schüler von Oktober bis Mai und der Unterricht bestand darin, den Koran zu lesen. Jeder Schüler bekam die Aufgabe, eine einzelne Seite im Koran zu lesen. Wenn der Schüler dachte, er könne die Seite fehlerfrei lesen, trug er sie Mullah Darwish vor. War dieser zufrieden, ging es an die nächste Seite.

So ging es Seite für Seite, bis ein Schüler mit dem Koran durch und die Schule für ihn beendet war. Einige seiner Schüler, die begabtesten, blieben auch danach noch der Schule erhalten und lernten bei Mullah Darwish schreiben. Bezahlt wurde Mullah Darwish pro Schüler, das Geld kam jedoch nicht aus dem Schatzkästchen des Scheichs, sondern musste von der Familie des Schülers bezahlt werden. Das jedoch war für einige Familien schwierig, denn wenn die Perlensaison schlecht verlaufen war oder die Ernte nicht den erhofften Betrag brachte, war manchmal kein Schulgeld mehr da. Allerdings sah Mullah Darwish das Ganze nicht so eng und nahm im Notfall auch Naturalien an oder stundete den Betrag.

Den Engländern war die Ausbildung der Kinder egal, von ihrer Seite gab es keine Unterstützung, etwas für den Bildungsstand im Emirat zu tun. Erst 1959 wurde von ihnen ein Gebäude mit sechs Räumen errichtet, das als Schule dienen sollte. Toiletten oder fließend Wasser gab es nicht und das Gebäude erwies sich besonders in den heißen Monaten als ungeeignet. Der Schulneubau war für Mullah Darwish das Zeichen, seinen Job als Lehrer an den Nagel zu hängen und nur noch als Sekretär für Scheich Shakhbut zu arbeiten. Für diese erste nichtreligiöse Schule in Abu Dhabi musste also ein neuer Lehrer her. Aber niemand in Abu Dhabi war in dazu in der Lage, den Job zu übernehmen und adäquat auszufüllen. Schließlich fand man in Jordanien einen Palästinenser, der trotz schlechter Bezahlung zusagte. Ahmed al Khatib packte seine Sachen und zog nach Abu Dhabi, um von nun an 50 Schüler zu unterrichten, die er auf drei Klassenzimmer aufgeteilt hatte. Effizient geht anders, zumindest lernten seine Schüler mehr als zuvor.

Gleichzeitig expandierte die Ölindustrie in den späten sechziger Jahren immer mehr und benötigte ausreichend ausgebildete Arbeiter auf den Ölfeldern und an den Maschinen. Die Abu Dhabianer hatten jedoch nicht die entsprechende Ausbildung und kannten sich mit den Maschinen und Ausrüstungen der Erdölindustrie nicht aus. Zur Lösung des Problems und zur Rekrutierung von Arbeitskräften im Land selbst, bauten die Ölfirmen 1960 eine Schule im Land, die den zukünftigen Arbeitern grundlegende Kenntnisse vermitteln sollte.

1962 schließlich ließ sich Scheich Shakhbut von seinen Beratern überzeugen, ein wenig Geld in die Hand zu nehmen und mehr Lehrer an der Schule in Abu Dhabi anzustellen. Eine kleine Gruppe aus Beratern des Scheichs reiste abermals nach Jordanien und heuerte zehn Jordanier und Palästinenser an, die Ahmed al Khatib entlasten und unterstützen sollten. Mit der Machtübernahme durch Scheich Zayed änderte sich die Ausbildungssituation im Emirat Schritt für Schritt grundlegend. Die Kinder sind heute ab dem sechsten bis zum achtzehnten Lebensjahr schulpflichtig. Neben öffentlichen gibt es ebenfalls private Schulen, wobei deren Gebühren durch Ministerium für Ausbildung begrenzt werden.

Amin war noch mitten in seinem Geschichtsmonolog, als die Tür zum Wohnwagen aufflog, jemand seinen Kopf durch die Tür steckte und etwas rief. Unsere Gastgeber sprangen auf und Hamid meinte, wir sollten mitkommen, es ginge jetzt los. D. und ich schauten uns an, nicht wissend, was denn jetzt losginge. Ein paar Leute brachten jede Menge Wasserflaschen, andere wickelten Tücher um ihre Köpfe. Hamid, der noch in unserer Nähe stand, erklärte, dass wir jetzt ein wenig durch die Wüste fahren würden, so etwa ein bis zwei Stunden.

„Ihr kommt natürlich mit. Keine Widerrede."

Während wir uns noch überrascht ansahen und Hamid schon damit beschäftigt war, D. kunstvoll ein Tuch um den Kopf und vor das Gesicht zu wickeln, raste der erste Sand Buggy direkt hinter dem Lager eine etwa hundert Meter hohe Düne mit unsäglich lautem Geräusch nach oben. Als ich den Wagen diagonal die Düne hochfahren sah, dachte ich, dass dies jetzt mehr als surreal sei. Ein zweiter Buggy folgte dem ersten und es machte den Eindruck, als fahren sich die Jungs gerade ein wenig warm. Wir gingen durch das Camp zum Parkplatz der Buggies und Hamid sagte uns, dass wir mit Amin, dem Lehrer mitfahren sollten.
„Keine Sorge, Amin ist ein ausgezeichneter und vorsichtiger Fahrer. Ihr werdet Spaß haben!"

Amin fuhr einen Viersitzer, setzte sich Kopfhörer über sein Tuch, dass kunstvoll gebunden über das Gesicht und die Schultern reichte, auf. Eine Brille, die dicht aufsaß, ließ erahnen, dass es staubig werden würde. D. nahm auf einem der beiden Rücksitze Platz, ich auf dem Beifahrersitz. Amin öffnete ein kleines Fach unterhalb des Dachs in der Mitte der Frontscheibe, schloss sein Smartphone an, stöpselte das Kabel seiner Kopfhörer in eine Buchse ein und ließ den Motor an. Halleluja! Leise war etwas Anderes. Ein Blick auf den Tacho zeigte mir, dass dieser bei 140 Stundenkilometern endete. Okay, das hier wird, so wie es aussieht, der Ritt unseres Lebens. Wenn es nicht der letzte wird. Mit einem Blick zu mir und zu D. fragte uns Amin, ob wir angeschnallt seien und alles okay ist. Noch während wir dies bejahten, setzten sich zwei weitere Buggies neben uns mit einem ohrenbetäubenden Geräusch in Bewegung. Amin folgte den beiden dicht dahinter in Richtung der ersten Sanddüne. Noch ehe wir darüber nachdenken konnten, ob der Buggy nicht vielleicht in seiner diagonalen Höllenfahrt die Düne aufwärts zur Seite kippen könne, waren wir bereits oben auf dem Dünenkamm, den es einige Meter entlangging, um dann auf der anderen Seite der Düne sofort wieder in die Tiefe zu rasen. Einige der Sanddünen hatten die Form einer Halfpipe und das machte den Jungs scheinbar den größten Spaß. In die Halfpipe mit vollem Speed einzufahren, gegen den Sand gedrückt zu werden, die Fliehkraft zu spüren, dabei tief in den Sitz gedrückt werden und auf der anderen Seite der Halfpipe schwungvoll einen weiteren Dünenkamm entlangzurasen, um im Abhang auf der anderen Seite Schwung für den nächsten Aufstieg zu holen.

Looping Bahn, Power Tower, Booster Maxx und andere Kirmesfahrgeschäfte, die bei einigen den Adrenalinspiegel steigen lassen sind gegen die Fahrt mit Sand Buggies und einem erfahrenen Fahrer, der seinen Wagen und die Gegend kennt, etwas, was nur ein müdes Lächeln hervorbringt. Aus den Bordlautsprechern dröhnte Rod Stewart, Sailing oder irgendetwas in der Art. Die Lautstärke des Motors, der scheinbar unablässig irgendwo zwischen sieben und neuntausend Umdrehungen arbeitete, der durch die Räder aufgewirbelte Sand und die Hitze machten die Musik zur Nebensache. Gelegentlich wurden wir von anderen überholt oder überholten selbst, noch während wir gerade eine Halfpipe durchquerten. Ich machte mir bei der Höllenfahrt ein wenig Sorgen um D. auf dem Rücksitz.
„Geht's Dir gut?"
Das „Ja, ja, schon okay", kam wenig überzeugend.
Glücklicherweise ging es nun durch eine Senke mit festem Sand. Allerdings fühlte es sich auf den Hartschalensitzen an, als würde man über eine Teststrecke für Stoßdämpfer fahren. Amin nutze die letzten Meter dieser Senke, um das Gaspedal voll durchzutreten und den notwendigen Schwung für die

nächste Düne zu nehmen. Der Wagen schoss diesmal nicht etwa horizontal, sondern frontal die etwa 150 Meter hohe Düne hinauf, hangelte am Dünenkamm entlang, nahm mehrere Halfpipes hintereinander, als von hinten eine Stimme rief, dass wir mal anhalten müssten. Amin stoppte den Buggy, D. riss die Tür auf und stürzte aus der Karre. Die anderen Jungs, die noch hinter uns herfuhren, hielten ebenfalls an. Für sie schien es ein bekanntes Phänomen zu sein, dass Newbies gelegentlich mal die Kontrolle über ihren Mageninhalt verlieren. D. jedoch behielt die Kontrolle, obwohl ihre Gesichtsfarbe dem eines Schluck Wassers in der Kurve gleichkam. Mohammed ging zu ihr und meinte, es wäre gut, wenn sie ein wenig Wüstensand in den Mund nähme, das hilft. In solch einer Situation ist man ja für jeden guten Tipp dankbar. Einer der anderen Jungs rief, sie solle sich mal nach vorn auf den Beifahrersitz setzen, da wäre es viel besser. Also tauschten wir die Plätze und die wilde Fahrt ging weiter. Da ich jetzt hinten saß, quasi halb über dem Motor, hatte ich nicht nur eine deutlich bessere Motorsoundqualität, mir flog auch der Sand, den die Vorderräder aufwirbelten bestens ins Gesicht. Trotz meines vor Mund und Nase befindlichen Tuches. Aber der Spaß war es wert. Was sollte schon passieren, selbst wenn wir wie die Irren durch die Wüste jagten. Die Karre hatte einen Überrollbügel und im Falle eines Überschlags würde es uns die Sonnenbrillen aus dem Gesicht reißen und es gäbe vielleicht ein paar blaue Flecken. Immer nur schön die Arme und Hände im Wageninneren lassen. Sonst sind sie nach einem Überschlag nicht mehr da oder Brei. Schwer anzunehmen, dass es die Sitze aus der Verankerung reißen würde und wir wie ein Geschoss durch die Gegend fliegen. Meine größere Sorge bestand darin, dass D.'s Magen doch noch sein Recht darauf reklamiert, Platz zu schaffen.

In solch einem Fall und beim Abreiten der Düne mit Höchstgeschwindigkeit würde mich wohl ein feiner Nebel aus halbverdautem Lamm, Huhn und Reis, getopt mit Gemüse treffen.

Amin kannte sich in seiner Wüste aus. Manchmal jedoch schien es so, als ließe er den Zufall entscheiden, ob wir noch weiter über den Dünenkamm sliden oder ins Tal hinabrasen. Sein Fahrstil wurde ein wenig vorsichtiger nach unserem Stopp. So jedenfalls kam es mir vor. Möglich auch, dass ich mich nur daran gewöhnt hatte. D. schien es auf dem Beifahrersitz wesentlich besser zu gehen, auch wenn sich ihre Finger in den metallenen Haltegriff am Armaturenbrett gruben. Die weißen Gelenke an ihren Fingern ließen zumindest darauf schließen. Als wir über die nächste Dünenkette kamen, standen ein paar Sand Buggies in der Gegend und die Jungs um ein anderes Fahrzeug herum. Dieser Buggy gehörte nicht zu unserer Gruppe, hatte aber einen Schaden. Der Antriebsriemen war gerissen und man half sich gegenseitig, einen neuen einzubauen.
Inzwischen waren wir gut eineinhalb Stunden unterwegs, die Sonne näherte sich langsam dem Horizont und das warme Licht warf lange Schatten in der Wüste. „Wir sind gleich wieder im Camp", sagte Amin zu uns. „Noch ein paar Minuten".
D.'s Gesicht nahm bei dieser Mitteilung deutlich entspannte Züge an. Also wieder rein in die Karre, Düne rauf, Düne runter, rein in die Halfpipe, Schwerkraft spüren und auf der anderen Seite wieder hinausschießen.
Amin steuerte den Buggy wieder über einen Dünenrand und da wir daran gewöhnt waren, erst zu sehen, was dahinter kommt und wie es weitergeht, dauerte es vielleicht ein paar zehntel Sekunden, bis wir begriffen, was wir jetzt hier, hinter

diesem letzten Dünenkamm sahen, nachdem Amin abrupt stoppte. Die Karre stand frontal in einem Winkel von vielleicht 45 Grad nach unten. Und Unten war etwa dreihundert Meter tiefer. Unten war da, wo wir eine Tribüne am Fuß der Düne sahen und unten war das Tal, in dem das jährliche Liwa-Festival stattfindet. „Wollt ihr vielleicht ein Foto machen?", fragte Amin. Gute Idee dachte ich, machte ein oder zwei Fotos mit dem Smartphone. Ja, gut, ich hätte es vorher wissen müssen, dass ein Foto nur ein Foto ist und die eigentliche Situation nicht halbwegs wiedergibt. D. erzählte mir später, dass sie in dem Moment daran dachte, wie es wohl sei, wenn die Karre jetzt diesen endlos langen Abhang herabkegelt. Amin hatte die Playlist gewechselt und aus den Bordlautsprechern dröhnte „Also sprach Zarathustra", während er den Gang einlegte und wir die Moreeb-Düne hinunterfuhren.

Unten angekommen ging es durch das Tal der Moreeb-Düne zurück zum Camp, wo die anderen schon auf uns warteten. Der Pakistani hatte ein Feuer in dem riesigen BBQ-Ofen entfacht und zu unseren Gastgebern waren weitere Freunde hinzugekommen. Nachdem wir den Sand aus unseren Kleidern entfernt und aus dem Gesicht gewaschen hatten, setzten wir uns um das Feuer. Es war inzwischen stockdunkel geworden und zwischen den Zelten strahlten endlos viele Glühbirnen.

Das Gespräch drehte sich um die Tour durch die Wüste. Genauer gesagt fachsimpelten unsere Gastgeber miteinander, wie man denn die ein oder andere Düne noch besser hätte fahren können und welche Halfpipe heute besonders viel Spaß gemacht hatte. Man machte sich gegenseitig Komplimente für gelungene Fahrmanöver und gab dem jeweils Anderen zu verstehen, dass er der bessere Fahrer sei. Ungefähr so muss es schon vor einhundert Jahren gewesen sein, nur dass die Themen andere waren. Da unterhielt man sich über Spuren im Sand und Stritt darüber, ob diese Spuren von Mohammeds oder Salmans Kamelen stammten, ob eines der Kamele vielleicht lahmte oder andere schwer bepackt waren.

Wir beschlossen, uns bei den Stadt-Bedus, wie wir sie inzwischen nannten, zu bedanken und zurück in unser Hotel zu fahren.
Die Nacht zuvor waren wir am Rande der Rub Al Khali angekommen und bereits der erste Tag startete mit einem unerwarteten Erlebnis. Es war an der Zeit, ins Bett zu fallen. Zum Abschied bekamen wir eine große Tüte, gefüllt mit grünen Früchten, deren Form irgendetwas zwischen Apfel und Pflaume war. Wir hatten diese Früchte vorher noch nicht gesehen und erfuhren erst ein paar Tage später, dass es sich bei diesen lecker schmeckenden Früchten um Neebak handelte.
„Für unterwegs", sagte Hamid, als er sie D. in die Hand gab.

Eine Stunde später lagen wir im Bett und wussten nicht so recht, ob es unser Gleichgewichtsorgan ist, das uns einen Streich spielt oder das Hotel, das dabei war, die Düne hinab zu rutschen, auf der es stand.

Am nächsten Morgen stand das Hotel noch immer auf der mächtigen Düne und wir ließen unsere Eindrücke vom vergangenen Tag beim Frühstück Revue passieren. Heute wollten wir es etwas ruhiger angehen lassen und die Oase in Richtung Westen erkunden. Bereits beim Frühstück auf der Hotelterrasse, zog sich der Himmel zu. Wolken kamen auf und es blies ein recht starker Wind. Das sollte uns nicht weiter stören, dachten wir jedenfalls.

Also ging es den Hügel vom Hotel hinunter und an der Hauptstraße nach links Richtung Taraq und Arada. Wir hatten vor, dieser Straße so weit wie möglich zu folgen. Und das war bis zur saudi-arabischen Grenze. Was heute wie eine Ortschaft erscheint, sind in Wirklichkeit viele kleine, ineinander übergehende Dörfer entlang der Hauptstraße, die sich durch die gesamte Oase Liwa zieht. Vor noch siebzig Jahren waren diese Siedlungen klar voneinander getrennt und verfügten zum Teil über ihre eigenen Forts. Eines der ersten, das wir auf unserer Fahrt zu Gesicht bekamen, lag gleich zwei bis drei Kilometer die Hauptstraße hinab auf der rechten Seite.

Dhafeer Fort war eine jener Trutzburgen, in die sich die Oasenbewohner zurückzogen, wenn es darum ging, ihr Leben zu schützen. Nicht selten kam es vor, dass die Siedlungen in den Oasen überfallen, Kamele gestohlen und Einwohner getötet wurden. Ein paar Kilometer weiter westwärts von Dhafeer Fort findet sich auf der anderen Straßenseite, etwas versteckt neben einer kleinen Moschee und unter Palmen, Qatuf-Fort (auch Qutuf-Fort). Hier betrat Wilfred Thesiger als erster Europäer 1948 die Liwa-Oase. Nach Wochen entbehrungsreicher Reise durch das Leere Viertel waren seine Vorräte aufgebraucht und er musste neuen Proviant einkaufen. Thesiger und seine Begleiter hatten die Hoffnung, Mehl, Ziegen und frische Datteln zu bekommen. Alles, was ihm jedoch die Bewohner anbieten konnten, waren einige wenige alte Datteln. Erst wenige Wochen zuvor war ein Stamm aus Dubai in die Oase eingefallen, hatte geplündert und mehr als 50 Einwohner niedergemetzelt. Die Forts in Liwa sind inzwischen wieder hübsch restauriert und zum Teil zugänglich. Neben den dicken Mauern und Wehrtürmen gibt es im Gebäude selbst nur ein paar Räume. Dabei entspricht das Fort in etwa der Größe eines durchschnittlichen deutschen Eigenheims.

Unsere Fahrt ging weiter westwärts und immer wieder wechselte der Sand rechts und links der Straße seine Farbe von hellgelb, in ein kräftiges Orange oder bräunliches Gelb. Dazwischen gab es fortwährend als erfrischende Farbkleckse das satte Grün von Dattelpalmen, die in großen Pflanzungen in die Wüste hineinreichten. Mittlerweile hatte der Wind zugenommen und die Sicht wurde deutlich schlechter. Sand wehte wie Schnee über die Straße und außer uns gab es keine anderen Autos. Nach etwa einer halben Stunde nahm der Sandsturm mehr und mehr zu und wir entschlossen uns, an einer Moschee abzubiegen und in eine der an der Straße liegenden Oasenpflanzungen zu fahren. Die Moschee wirkte wie die Wächterin zur Einfahrt in die Pflanzung. Eine unbefestigte Straße, breit genug für zwei sich begegnende Fahrzeuge, führte in gerader Linie einen langen Hügel hinauf. Zu beiden Seiten des Weges gab es voneinander abgetrennte Parzellen, die alle unterschiedlich bepflanzt waren. Neben reinen Dattelpalmenpflanzungen gab es Parzellen, die eine Art Zaun aus hohen Gräsern hatten und mit etwas bepflanzt war, was der europäischen Lupine ähnlich sah.

Die gesamte Anlage ließen D. und mich an die Geschichten denken, die über Scheich Zayed in Umlauf waren. Ihm lag viel an der Entwicklung der Landwirtschaft und daran, der Wüste Land abzuringen. So unterstützte er bereits in seiner Zeit als Gouverneur in Al Ain die Bauern mit Geld und Material, obwohl er selbst nicht über viel verfügte. Er borgte von lokalen Geschäftsleuten Material, wie z.B. Zäune, um die Ausbreitung von Sand zu stoppen, genauso wie Pumpen, damit Bauern frisches Wasser für ihre Anpflanzungen aus dem Boden holen konnten. Scheich Zayed glaubte fest daran, dass selbst kleine Verbesserungen der Schlüssel für eine gute Zukunft der Menschen und des gesamten Emirats sind und wollte dafür sorgen, dass seine Leute alles hatten, um die vorhandenen Agrarflächen optimal bewirtschaften zu können. Nachdem Scheich Zayed die Herrschaft im Emirat übernommen hatte, machte das Land, das bis 1967 keine Elektrizität hatte, einen riesigen Sprung nach vorn, von „no tech" zu „high tech". Die Bevölkerung, an denen der Ölreichtum in den vergangenen mehr als zehn Jahren fast vollständig vorbeigegangen war, weil Scheich Shakhbut die Einkünfte für einen eventuellen Notfall zurückhielt, sollte nun in vollem Masse an den Gewinnen teilhaben. So erhielt jeder Einwohner des Emirats drei, in einigen Fällen vier Landflächen. Ein Stück Land befand sich in den Wohnvierteln Abu Dhabis, ein weiteres Stück Land war dazu gedacht, um ein Wirtschaftsgebäude darauf zu errichten, das dritte Stück Land befand sich jeweils in einem Gewerbegebiet, um eine Werkstatt zu gründen oder ein Industrieprojekt zu starten. Darüber hinaus erhielten die Einwohner Liwas nicht nur Farmland, sondern zusätzlich auch die zu dessen Bewirtschaftung notwendigen Maschinen und Ausrüstungen. Dazu zählten Pumpen, Bewässerungssysteme und sogar die Unterstützung durch Berater und Ingenieure.

Die Folgen der Hilfe und Unterstützung konnten wir hier vor Ort, auf unserer Fahrt durch die Pflanzungen sehen. Jede Dattelpalme hatte eine kleine Wanne aus Sand um den Stamm geformt, in die ein schwarzes Plastikrohr führte. Die Gräser standen in üppigem Grün, jeder deutsche Bauer wäre angesichts der gesunden Pflanzen missgünstig, insbesondere bei solchen Außentemperaturen. Vielleicht liegt es ja auch an den viel schlechteren meteorologischen Gegebenheiten, dass deutsche Bauern immer zu klagen haben: Zu nass, zu warm, zu trocken, zu viel Sonne, zu wenig Wolken, zu viel Wetter eben.
Nach etwa dreieinhalb Kilometern kamen wir an den höchsten Punkt der Oase und spürten wieder den Wind und wie er Sand aus der umliegenden Wüste durch die Luft trug. Was wäre das für ein Blick bei klarer Luft gewesen. Auch mit dem Dunst konnten wir noch über die Oase schauen, ein Meer aus Grün, der Wüste abgerungen und im farblichen Kontrast zum gelben Sand ein eindrucksvolles Bild.

Ich erinnerte mich an die Worte Amins, als wir uns gestern im Camp über die Veränderungen im Land ganz allgemein und Liwa im Speziellen unterhalten hatten. Ich schilderte ihm meine Erinnerungen an meinen ersten Besuch und er sagte daraufhin: „Mit einem klaren Ziel, Willen und Geld ist vieles möglich." Recht hat er. Es kommt darauf an, dass alle mitmachen und die Zukunft besser gestalten wollen.
Den Weg zurück zur Hauptstraße waren wir damit beschäftigt, darüber zu diskutieren, mit welcher Begeisterung und welchem persönlichen Einsatz die Menschen im Emirat dabei sind, es jeden Tag ein wenig besser zu machen.

Der Sandsturm wehte noch immer den Sand über die Straße und wir hatten bis zur saudi-arabischen Grenze, dem östlichen Rand der Oase, ein Stück Weg vor uns. Vom Auto aus konnten wir beobachten, wie der Sand über die Kämme der Dünen getrieben wurde und es wirkte noch immer surreal auf uns, die wir die Bilder von Schneewehen im Winter im Kopf hatten.

Plötzlich tauchten Kamele auf der Straße auf. Mit ihrem ganz speziellen, schwankenden Gang trotteten sie die Straße entlang. Wir hatten ähnliche Erfahrungen vor ein paar Jahren im Süden Omans, auf dem Weg in den Jemen gemacht. Man überholt besser nicht, fährt einfach langsam hinterher. Kamele sehen keinen Grund, die Straße freizumachen. Hier ist Wüste und das ist ihr Revier. Ist uns doch egal, was ihr hier hineinbaut! Nach ein paar Minuten hinter den Kamelen herfahrend, tauchte auf der rechten Seite das Camp auf, zu dem sie gehörten. Einer der Kamelhirten war schon eifrig damit beschäftigt, andere Tiere zurück zum Camp zu treiben. Anscheinend war es ihm angesichts des Sandsturms lieber, die Tiere alle in ihren Gehegen zu haben. Wir fuhren rechts raus und ich wollte ein paar Aufnahmen von den Kamelen machen. Kaum war ich aus dem Auto gestiegen, als sich ein Pick Up näherte. Es stellte sich schnell heraus, dass es der Eigentümer der Herde war. Und auch diesmal gestaltete sich die Begegnung ähnlich, wie so oft in Arabien: Interessant, wie schnell man mit den Menschen in der Wüste ins Gespräch kommt. In diesem Fall bestand unsere Konversation aus einem Viertel Englisch, einem Viertel Arabisch, einem Viertel Hände und dem letzten Viertel Füße. Der Kamelzüchter kam aus dem Sudan und wollte seine Kamele in den Emiraten verkaufen. Foto? Kein Problem!

Die Kamele hatten Spaß und kamen eins nach dem anderen an den Zaun, zeigten ihre gelben Zähne und klimperten mit den langen Wimpern. Um allerdings an den Kamel-Schönheitswettbewerben in Abu Dhabi teilzunehmen und dabei noch einen Preis abzuräumen, brauchte es allerdings noch ein paar kosmetische Korrekturen. Ohnehin behauptet man in Abu Dhabi, dass das beste und schönste Kamel Gazelle war. Es gehörte Scheich Zayed und jeder, der es sah, war von der Anmut, Schönheit und Schnelligkeit des Tieres begeistert. Thesiger hatte das Glück, es einmal reiten zu dürfen. Als er einige Wochen später wieder bei Scheich Zayed war, sagte ein Araber zu Thesiger: „Gazelle ist ein wundervolles Kamel. Wahrscheinlich wirst Du es nie reiten dürfen." Thesiger dachte in diesem Moment nur: Wenn Du wüsstest!

Wir hatten noch ein paar Kilometer bis zur saudi-arabischen Grenze vor uns und der Sandsturm hielt unvermindert an. Am Horizont sahen wir auf einer Düne einen hohen Sendemast und im Dunst einige Gebäude. Am Straßenrand standen zwei verlassene Häuschen, die halb vom Sand bedeckt waren. Wahrscheinlich waren es einst eine Art Kiosk, in denen man sich noch vor Grenzübertritt mit Lebensmitteln eindecken konnte. Schilder an der Straße machten darauf aufmerksam, dass eine Weiterfahrt für zivile Fahrzeuge nicht gestattet sei. Aber ein wenig genauer wollten wir uns die Grenze schon ansehen, fuhren also weiter, bis wir die ehemaligen Abfertigungsgebäude erreichten. Der Übergang schien schon seit einiger Zeit geschlossen, obwohl es auf dem Gelände gleichsam noch Soldaten hatte. Ich wendete den Wagen und auf der linken Seite hatten wir von der Düne herunter einen freien Blick auf die Grenze.

Ein etwa zwei Meter hoher Zaun mit Stacheldraht und einer beiderseits asphaltierten Postenstraße trennte Abu Dhabi von Saudi-Arabien. Selbst wenn man auf der Seite der Emirate bis zu dieser Stelle mit dem Auto kommt, spätestens auf der anderen Seite wäre ein Weiterkommen so gut wie unmöglich. Denn da hatte es nur Wüste und Sand, das Leere Viertel eben. Hier gäbe es keine große Chance für Schmuggler, Waren ins oder aus dem Land zu bringen und selbst mit Kamelen wäre die Herausforderung enorm. Ganz anders, als in Musandam, wo die Schmuggler aus dem Iran mit Schnellbooten auch während des Tages anlanden, ihre Ziegen entladen und vollgepackt mit Fernsehern und anderen elektronischen Geräten aus dem örtlichen Supermarkt wieder zurück in den Iran fahren.

Für uns war es Zeit, ins Hotel zurückzufahren und nach einer kleinen Erfrischung weiter zum Abendessen nach Madinat Zayed.

**M**adinat Zayed wirkte auf uns wie eine Stadt, die noch nicht so richtig weiß, was sie will und wo es hingeht. Verwaltungsgebäude, Wohnhäuser, Moscheen, eine riesige Tankstelle am Ortseingang, eine Einkaufsmall und eine belebte High Street mit Frisören, Möbel- und Stoffgeschäften, Restaurants, einem Bäcker und einer Espresso-Bar. Wir parkten erst einmal vor der Mall ein, denn wie waren ja immer noch auf der Jagd nach Weihrauch und einem Brenner.

Die Einkaufsmall bot neben einem unglaublich großen Parfümerieladen, einem Geschäft mit allem möglichen „Schnick-Schnack-Hauptsache-ein-Geschenk-zum-Geburtstag" auch ein Kinderspielparadies mit den dazugehörigen Ständen, die klebrige Getränke, Pommes und ähnlich gesunde Kindernahrung verkauften. Und die Mall hatte einen Supermarkt, der ein wenig versteckt auch Weihrauch und Brenner anbot. Wundervoll. Beinahe hätte ich an dieser Stelle gesagt, der Urlaub war gerettet. Jetzt noch von der Mall über die unbefestigte Piste hinter den Häusern der High Street fahren, um vor den Restaurants zu parken.

Gut, an dieser Stelle übertreibe ich ein wenig. In Deutschland würde man diese Restaurants vielleicht als Döner-Imbiss oder Take Away bezeichnen. Allerdings hatten sie sowohl Tische innerhalb und außerhalb des Geschäfts. Am Spieß drehten Lamm und Huhn, die Salatauswahl war vielfältig und das frische arabische Brot sah verlockend aus. Bereits in der Vorbereitung der Reise war uns klar, dass wir in dieser Gegend des Landes nicht etwa auf hochfliegende kulinarische Exoten stoßen würden. Dafür war es bodenständig und schmeckte. Die hart arbeitenden Herren hinter der Theke kamen vor zehn Jahren aus Syrien und die Geschäfte liefen ausgezeichnet.

Meist parkten die Autos vor dem Laden und hupten kurz. Wenn man den Fahrer kannte, wurde ein paar Minuten später direkt ans Auto geliefert, der Wagen fuhr mit dem Essen für die vielköpfige Familie ab und der freie Parkplatz war sofort wieder belegt. Wenn der Fahrer bei den Jungs nicht bekannt war oder jemand ein paar Extras ordern wollte, sprang ein Angestellter zum Auto, nahm die Bestellung auf und die Lieferung erfolgte wenige Minuten später. An den Tischen saßen Araber in ihren Dishdashas, Kinder sprangen auf der Straße herum und das Leben pulsierte im und um das Restaurant herum. „Cafeteria al Dhauk al Sham" lief wie geschnitten Weißbrot.

Wir hatten ein paar Minuten vorher Platz genommen, als von einem der Nachbartische aus versucht wurde, ein Gespräch mit uns zu beginnen. Nicht, dass es in Madinat Zayed keine Ausländer gäbe. Inder, Pakistani, Afghanen, Syrer, Ägypter, Sri Lankinesen gibt es zahlreich. Aber westeuropäische Touristen sind eher die Ausnahme. Und so musste erst einmal eruiert werden, wo die beiden denn nun eigentlich herkommen. Wie gewohnt und immer weiter verfeinert setzte sich bei unseren Gesprächen mit den Leuten in der Wüste die beste Methode durch: Englisch, ein wenig Arabisch und ganz viel Hände mit ein bisschen Füßen. In Abu Dhabi oder Dubai ist es kein Problem, wenn man kein Arabisch spricht. In den großen Städten kommt man mit Englisch sehr weit. In den Schulen der Emirate werden einige Fächer sogar in Englisch unterrichtet, insbesondere in den Naturwissenschaften. Aber Madinat Zayed ist ein wenig ab vom Schuss und lebt auch nicht vom Tourismus. Freilich braucht man keine Sorge zu haben, wenn man des Arabischen nicht mächtig ist. In den Hotels spricht das Personal Englisch und auf der Straße sind die Menschen

immer hilfsbereit, so dass man weder verhungert, noch verdurstet. Nach Verhungern sah es bei D. und mir auch nicht aus, wir waren ausgezeichnet beköstigt worden und wollten uns noch die Bäckerei am Ende der Einkaufszeile ansehen. In dieser Bäckerei wimmelte es wie im Bienenstock, frisches Brot kam gerade aus dem Ofen. Die Kunden riefen lautstark ihre Bestellungen über den Tresen und während einer der Bäcker kassierte, füllte der andere, fünf, sechs oder zehn Brote in Tüten. Mein lieber Herr Gesangsverein! Entweder eine große Familie oder großen Hunger. Ein wenig wurden wir wie zwei Aliens betrachtet, wohl weil wir die ersten Westeuropäer in dieser Bäckerei waren, die man als ein Paradies für alle, die es richtig süß mögen bezeichnen kann: Eine übergroße Theke mit Baklava und Kadayif. Das Auge isst mit und uns war bei dem Anblick völlig egal, dass wir gerade etwas gegessen hatten. Der ägyptische Bäcker war begeistert über unsere Bestellung. Genauso war er verzückt, uns den Unterschied im Dialekt zwischen dem Arabisch in Abu Dhabi und dem in Ägypten zu erklären.
„Nein, nein, nein, Du musst das mehr aus dem Rachen sprechen!" oder „Nein, das heißt bei uns in Ägypten anders."

Die anderen Kunden amüsierten sich köstlich und alle hatten Spaß. Wir hatten unser Gebäck und brauchten jetzt nur noch einen guten Kaffee. Den gab es ebenfalls in der High Street. Chinesen hatten ein Café aufgemacht, gewaltige Kaffeemaschine mit ausgezeichnetem Cappuccino. Dazu gab es ein sehr spezielles Törtchen als Kostprobe: etwas Mürbeteig-Ähnliches, prall gefüllt mit Nutella. Das Gebäck war warm und wir konnten uns nicht vorstellen, dass man davon mehr als ein Teilchen essen konnte, ohne dass Schuckerzock drohte.

Das Café hatte eine Werbung im Fenster, bei deren Anblick man denken konnte, dass man hier in der Stadt durchaus bereit ist, größere Mengen dieser kariesfördernden Leckerei zu bestellen und nach Hause liefern zu lassen. 24er oder 48er Boxen für die Familie wurden von den Kollegen im Café bunt angepriesen.

In den folgenden Tagen dachten wir nicht im Traum daran, an dieser abendlichen Runde etwas zu ändern. Wozu auch! Hier lernte man freundliche Menschen kennen, wir konnten unsere Sprachkenntnisse verbessern und erfuhren interessante Geschichten. In unserem Hotel dagegen waren wir fast die einzigen Gäste und wer will schon Essen aus dem Hotel? Allein bei dem Gedanken daran, kamen Erinnerungen aus ein paar Monaten zuvor wieder hoch. Wir waren mehrere Wochen im Oman unterwegs gewesen und unser Rückflug ging morgens gegen acht Uhr ab Muskat. Da wir nicht in am sehr frühen Morgen hundert Kilometer zum Airport fahren wollten, entschieden wir uns, ein Hotel am Flughafen zu buchen. Der Airport von Muskat liegt etwas außerhalb der Stadt und da es im Hotel ein Restaurant mit arabischer Küche gab, entschieden wir uns, dort zum Abend zu essen. Das hätten wir lieber sein lassen sollen. Der Koch schien ambitioniert, arabische Küche mit was für internationalen Einflüssen auch immer zu fusionieren. Was dabei herauskam, war schlicht gesagt ein starkes Stück oder einfach eine Zumutung, lieblos zusammengeschustert und weil es ein Fünf-Sterne-Haus war, auf „Braucht-Kein-Mensch-Designer-Tellern" angerichtet. Mag sein, dass es inzwischen soweit gekommen ist, dass Touristen ein Essen erwarten, was wie lokale Küche aussieht, aber nach Schnitzel von zu Hause schmeckt. Wenn man so etwas mag, ist es okay, man sollte jedoch einmal darüber nachdenken, ob man nicht besser zu

Hause bleibt. Auf diese Weise werden andere Kulturen nicht dazu verleitet, sich dem Geschmack irgendwelcher Pauschaltouristen angleichen zu müssen. Und ob man mit dem Verlangen nach Küche wie zu Hause wirklich einer anderen Kultur und anderen Länder nähern kann, ist mehr als fraglich.

Die Bedienung kam, um unsere Teller abzuräumen, sah, dass wir etwa die Hälfte der Speisen darauf zurückgelassen hatten und fragte, ob es uns denn nicht geschmeckt hätte. Nun ja, das könne sie ja sehen, denn wenn es so wundervoll gewesen wäre, wie wir es erwartet hatten, dann wären die Teller jetzt leer. Ein paar Minuten später kamen Koch und Restaurantchef an unseren Tisch wobei sie uns fragten, was sie denn besser machen könnten.

„Das weiß ich auch nicht. Ich bin ja kein Koch und bilde auch keine Köche aus", war meine Antwort.

Daraufhin versuchte man unsere Nerven mit Cheese-Cake zu beruhigen. Cheese-Cake in einem arabischen Restaurant. Das ist beinahe so, als würde man am Hamburger Fischmarkt Schweinshaxe serviert bekommen. Obwohl auch das mittlerweile möglich ist.

Man muss eben nicht immer versuchen, den kulinarischen Gewohnheiten der Touristen zu folgen, sondern kann durchaus ehrliche lokale Gerichte anbieten. Wobei dies nur als ein Beispiel dafür steht, wie sich Reisen und alles was damit verbunden ist, in den letzten Jahrzehnten entwickelt hat. Unter einem Fünf-Sterne-Hotel will heute schon fast niemand mehr in den Urlaub fahren. Es gab Zeiten, in denen sich ein Fünf-Sterne-Haus deutlich von allen anderen Hotels abhob. Und es gab meist auch nur ein oder zwei von diesen Hotels in der Stadt. Wenn man in der heute unterwegs ist, dann stellt man leicht fest, dass Fünf-Sterne-Hotels scheinbar direkt proportional zum Geld inflationierten. Und es ist kein Geheimnis, dass es darunter viele Häuser gibt, deren Sterne selbst vergeben wurden. Es ist zwar einerseits die Hardware, die ein solches Haus ausmacht, aber wer bitteschön braucht große Zimmer, riesengroße Ölgemälde in der Lobby und einen Springbrunnen im Atrium, wenn die Mitarbeiter nicht wissen, was sie tun. Wie sollen sie auch! Manager sind Angestellte großer Hotelketten, der Umsatz und Profit müssen stimmen und man denkt, wenn man ein wenig Firlefanz veranstaltet, ist der Gast happy. Das trifft sicherlich auch auf viele zu. Auf diejenigen, die entweder nicht mehr die Zeiten kennen, als man als Gast von den Mitarbeitern noch mit Namen angesprochen wurde oder jene, die denken, ein massiver Flachbildschirmfernseher im Hotelzimmer sei ein Kriterium für an anspruchsvolles Hotel. Zumindest wird immer wieder versucht, dies der breiten Masse zu verkaufen. In den Berichten und Filmchen über die „Hotels der Extraklasse", in denen in der Küche das Essen für dreihundert Personen und mehr zubereitet wird. Wer glaubt, dass so etwas ein Zeichen von unbedingt zu buchendem Genuss, Einmaligkeit und Luxus sei, der glaubt auch, dass er auf einem Kreuzfahrtschiff das erlebt, was ihm im „Traumschiff" serviert wird.

Wir jedenfalls freuten uns nach unseren Entdeckungen in Madinat Zayed schon auf unsere Terrasse im Drei-Sterne-Hotel, den weiten, endlosen Sternenhimmel und ebenso darauf, gleich unseren neuen Weihrauchbrenner in Betrieb zu nehmen. Weihrauch, den es in Deutschland nur noch in katholischen Kirchen gibt, war einst wertvoller als Gold. Geerntet im Süden des Oman, mit Kamelkarawanen über den Jemen ans Mittelmeer nach Ägypten und weiter nach Europa transportiert, kam Weihrauch nicht nur bei religiösen

Zeremonien zum Einsatz, sondern hatte stets auch heilende Wirkung. Bereits Hippokrates nutze Weihrauch zur Wundreinigung, die freigesetzten Dämpfe ätherischer Öle können zweifelsohne desinfizierend wirken. 1991 fanden Wissenschaftler der Universität Tübingen entzündungshemmende Wirkstoffe im Harz des Weihrauchbaumes.

Noch heute ist es in arabischen Ländern ein weitverbreiteter Brauch, die Kleider am Abend über einen speziellen Ständer zu hängen und darunter Weihrauch zu verbrennen. Das soll die Kleidungsstücke parfümieren und wer dies einmal selbst zu Hause ausprobiert, der wird feststellen, dass sich der Duft über Tage in den Kleidungsstücken hält. Unsere Tüte Weihrauch, die wir im Supermarkt erstanden hatten, war nicht unbedingt von bester Qualität, eher etwas durchwachsen. Der beste Weihrauch-Harz stammt aus den letzten Ernten, ist fast weiß und liefert etwa zentimetergroße Stücke. Diese Qualitäten sind vom Duft her überragend, was gleichzeitig auch für deren Preis gilt. Allerdings sind die heutigen Preise für Weihrauch nicht mit denen von vor zweitausend Jahren zu vergleichen. Noch zu jener Zeit hätten wir für unsere Tüte Weihrauch umgerechnet keine drei Euro bezahlt. Eher wäre der Preis einer vergleichbaren Menge Weihrauchs im Altertum wahrscheinlich bei dem Äquivalent von drei Kamelen und einem Sklaven gelegen.

Der nächste Tag stand voll im Zeichen des Wüstenschiffes. Wir hatten vor, zur Kamelrennbahn in der Nähe von Madinat Zayed zu fahren und uns gleichzeitig die dort gelegenen Kamelfarmen anzusehen.

Der Name Wüstenschiff kommt daher, dass der Reiter von einer Seite zur anderen geschüttelt wird, was an dem speziellen Gang der Kamele liegt. Im Gegensatz zu anderen Paarhufern bewegen Kamele immer abwechselnd das rechte und linke Beinpaar, was zu diesem schaukelnden Gang führt.

In der Kultur der Arabischen Halbinsel spielen Kamele seit Jahrtausenden eine wichtige Rolle. Ohne sie wäre es fast unmöglich gewesen, Waren zu transportieren und weite Strecken zurückzulegen. Ohne Kamele hätte eine Durchquerung der Wüste nach spätestens ein paar Tagen Fußmarsch ihr tödliches Ende gefunden. Man nimmt an, dass Kamele ab etwa 1000 v.Ch. von den Menschen der Gegend domestiziert wurden. Zur etwas gleichen Zeit wurde das *falaj* oder „Faladsch" genannte Bewässerungssystem für Oasen entwickelt, was den Bewohnern dieser Landstriche ausreichende Ernten und eine Versorgung mit Nahrungsmitteln ermöglichte. Über Kanäle wird dabei das Wasser oft kilometerweit in die Dörfer und Pflanzungen geleitet. Ein Wächter, der *wakir* genannt wird, sorgt dafür, dass das Wasser nach genau festgelegten Regeln verteilt und niemand benachteiligt wird.

Diese bedeutenden kulturellen Entwicklungen führten dazu, dass die Regionen, die heute die Vereinigten Arabischen Emirate ausmachen, vor 2000 Jahren bereits gut besiedelt waren. Anhand einer Karte, die von Ptolemäus gezeichnet wurde und detailliert Siedlungsgebiete, Stämme und Ortsnamen aufführt, lässt sich das konkret nachvollziehen.

In jener Zeit waren die Gebiete am südlichen Rand des Persischen Golfs ein Zentrum des Handels. Weihrauch wurde aus dem Süden des Oman nach Jemen und weiter nach Ägypten an das Mittelmeer transportiert, das Hajar Gebirge galt als „Land des Magan" mit einem reichen Kupfervorkommen, aus dem unter Zugabe von Zinn Bronze entstand. Ohne Kamele wäre eine Handelstätigkeit, der Verkauf und Transport dieser begehrten Waren in ferne Länder nicht möglich gewesen. Bis in die sechziger Jahre des zwanzigsten Jahrhunderts stellten Kamele das Haupttransportmittel für Waren aus den Oasen Liwa und Al Ain nach Abu Dhabi dar. In Karawanen reisten Menschen auf Kamelen im Frühsommer in die Oasen im Süden des Emirats und im Herbst zurück an die Küste.

Inzwischen werden Kamele nicht mehr als Transportmittel genutzt, dazu dienen heutzutage hauptsächlich Pick Ups. Jedoch gibt es sie immer noch, die Beduinen, die mit ihren Kamelen von Ort zu Ort ziehen, genauso wie manche Emiratis die alte Tradition zum Vergnügen aufrechterhalten, mit ihren Tieren eine Tour durch das Land zu machen. Ich habe darüber in meinem Buch über Mr. Fahrenheit berichtet, der mich auf eine solche Reise mitnahm.

Kamele dienen heutzutage aber auch noch als Milchproduzenten und ein Kamelsteak schubst man nicht vom Teller. Die größere und finanziell attraktivere Bedeutung haben die Wüstenschiffe jedoch als Rennkamele. Man beschäftigt sich in Abu Dhabi intensiv und sehr professionell mit ihrer Züchtung. Einerseits werden Tiere aus dem Ausland, insbesondere aus dem Sudan, importiert. Es kommt vor, dass Prinzen mit ihrer Entourage in den Sudan fahren, sich dort mit alten Kamelzüchterfamilien treffen und die Tiere in Augenschein nehmen. Anschließend wird in großer Runde palavert und über den Preis verhandelt. Dies ist die Aufgabe eines Vertrauten des Prinzen. Der Prinz selbst sitzt den Verhandlungen bei, allerdings ohne in diese einzugreifen. Wird man sich über den Preis eines Kamels einig, so wechselt das Geld in cash die Seiten. Dies geschieht ebenfalls über einen Vertrauten des bzw. Mittelsmann des Prinzen, der das Geld jedoch zu keinem Zeitpunkt anfasst.

Kamele könne sich nicht selbst fortpflanzen und wenn man im Internet Filmchen kopulierender Kamele sieht, dann kann man gewiss sein, dass daraus nie Nachkommen entstehen. Die Züchtung von Nachkommen gelingt nur durch künstliche Befruchtung. Die hat man in den Emiraten inzwischen so weiterentwickelt, dass es spezielle Kliniken dafür gibt. Für die erfolgreiche Züchtung von außergewöhnlichen Rennkamelen werden erfolgreichen Kamelkühen Eizellen entnommen, künstlich befruchtet und Leihmutterkamelen eingesetzt. Bei den Embryonentransfers legt man Wert darauf, weibliche Nachkommen zu erhalten. Diese sind deutlich laufstärker. Eine Kamelschwangerschaft dauert in etwa 13 Monate und das Jungtier wird danach bis zu einem Jahr von der Mutter gesäugt. Wirtschaftlich sind diese Kamelzuchtinstitute ein enormer Erfolg. In den alljährlichen Auktionen der Jungtiere werden teilweise Summen von mehr als einer Million Dollar gezahlt. Und aus genau diesem Grund heißt die asphaltierte Straße, die an den Kamelfarmen und der Kamelrennbahn nahe Madinat Zayed liegt, auch „Million Street".

Aus Liwa nahmen wir die Autobahn in Richtung Madinat Zayed und bogen wenige Kilometer vor der Stadt auf eine neu asphaltierte Straße, die nach einigen Kurven an einem Kreisverkehr auf einer Seite zu den Kamelfarmen, an einer anderen Seite zur Kamelrennbahn und einer dritten Ausfahrt zum Hotel „Tilal Liwa" führt. Bereits am Kreisverkehr sahen wir die ersten Gruppen von Kamelen von den Farmen kommen und in Richtung Rennbahn laufen. Je nach Rennstall hatten die Kamele unterschiedlich farbige Decken über ihren Rücken. Gruppen von fünf bis fünfzehn Kamelen, Mutter- und Jungtiere, wurden meist von einem Reiter kontrolliert. Die Jockeys selbst ließen es ruhig angehen, checkten ihr Smartphone oder unterhielten sich mit einem Kollegen, der mit seiner Gruppe Kamele nebenher ritt. Auf dem großen, staubigen Parkplatz zwischen den Kamelfarmen und der Rennbahn standen Pick Ups, vollgepackt mit frischen Gräsern zum Verkauf.

Allradfahrzeuge folgten den Gruppen mit Kamelen zur Rennbahn und wir überlegten nicht zweimal, sondern fuhren direkt hinterher. Auf der Rennbahn hielten die Reiter die Kamele an, stiegen ab und besprachen sich mit den Männern, die im Auto folgten. Das waren die Trainer und sie luden Equipment aus, zu dem auch elektrische Jockeys gehörten.
Früher wurden die Kamele von Kindern geritten. Anfang der 2000er Jahre erregte man sich im Westen über diese Praktik und die Rennstallbesitzer ließen eine Schweizer Firma kleine elektrische Jockeys produzieren, die den Kamelen auf den Rücken gebunden und per Fernbedienung gesteuert werden können. Vier Männer waren damit beschäftigt, diese elektronische Spielerei zu befestigen und als ich näher kam, um Erlaubnis zum Fotografieren zu fragen, winkte man mich gleich näher heran. Der Chef der Gruppe erklärte, wie die Jockeys funktionieren, sorgte dafür, dass ich alle Schritte gut beobachten konnte und lud mich ein, die etwa sechs Kilometer lange Runde auf der Rennbahn auf einem der Muttertiere mitzumachen.

Dankend lehnte ich ab, denn wir wollten die Tiere beim Training beobachten und ein paar Aufnahmen machen. Also folgten wir dem Trainer und seinem Auto neben der Rennstrecke. Dieser gab der Gruppe Kamele folgend, Kommandos aus dem Autofenster heraus an die Reiter. Daraufhin beschleunigte oder verlangsamte der Jockey die Tiere. Die Kamele wirkten leichtfüßig und liefen wie ein Uhrwerk. Am Ende der Strecke bedankten wir uns beim Trainer und Jockey, die sich sichtbar freuten, dass sich jemand für ihre Arbeit interessierte.

Wir blieben am Ende der Rennstrecke und warteten auf andere Rennkamel-Trainingsgruppen, um sie bei ihrer Ankunft zu fotografieren. Alle paar Minuten kamen da ein paar hunderttausend bis Million Dollar vorbeigelaufen. Kommt man in Baden-Baden auch so dicht an die teuren Rennpferde beim Training? Hier hatte niemand Bedenken, Ausländer beim Training nicht nur zuschauen, sondern auch noch Bilder machen zu lassen. Es war beeindruckend, wenn die Reiter stolz und hoch oben auf ihren Tieren sitzend, mit einer Gruppe von fünf oder zehn Kamelen direkt auf mich zukamen. Sicher die Kamele dirigierend, exakt die Richtung haltend, während ich die Fotos machte, kamen sie auf mich zu, selbstbewusst die Tiere unter Kontrolle zu haben. Den Kopf und das Gesicht verhüllt, nur die Augen frei, in langen Gewändern und ein Kamelstöckchen in der Hand, wirkten sie auf den Kamelen wie aus einer anderen Zeit. Wie muss es gewesen sein, noch bis vor sechzig, siebzig Jahren, wenn fünfzig oder hundert dieser Männer in ihren langen, weißen Kleidern auf Kamelen in ein Beduinen-Camp einritten. Heute ist so etwas eher eine Frage für Romantiker oder Traditionalisten. Bedus fahren heute in weißen Allrad-Giganten mit Sechs- oder Acht-Liter Maschine zu den Ställen ihrer teuren Tiere, in formieren sich, ob alles in rechter Ordnung ist und denken darüber nach, welches ihrer Kamele beim nächsten Rennen gewinnt.

In den Ställen wollten wir jetzt auch nachsehen und uns alles näher erklären lassen. Ganz sicher, ob es denn funktionieren wird, waren wir nicht. Also fuhren wir hinüber zu den Kamelfarmen. Auch hier waren auf den unbefestigten Straßen Reiter mit Gruppen von Kamelen unterwegs. Alle Kamele trugen, wie auch auf der Rennbahn, einen Mundschutz und Decken in den Farben ihrer Farm. Kamele mit Mundschutz? Ein wenig später erhielten wirr dafür die Erklärung. Die Tiere sind zu kostbar, als dass sie irgendetwas, was sie auf dem Weg finden, fressen sollten.
Das Beste wäre es wohl, dachten wir uns, jemanden zu finden, der uns in eine der Farmen bringt und erklärt, wie was und wo gemacht wird. Wir wollten es einfach wissen. Gab es sie wirklich, die Swimmingpools für Kamele, bekamen die Superstars tatsächlich regelmäßig Massagen und war es wirklich nur das gute Spezialfutter, das sie so schnell machte? In den Zeitungen steht viel geschrieben, manchmal überschlagen sich deutsche Journalisten ja vor Superlativen. Aber waren sie wirklich jemals vor Ort und haben sich die Bedingungen angesehen?

An der Zufahrt zu den Farmen kam uns ein Auto entgegen. Ich gab dem Fahrer ein Zeichen, dass er doch anhalten möchte, was er auch tat.
„As Salam alaihkum. One question please."
Der Fahrer sprach englisch und fragte mich, was ich wissen wolle.
„Können Sie uns vielleicht weiterhelfen, wer uns hier einen Einblick in die Kamelfarmengeben kann?"

„Kein Problem. Ich würde es tun, aber ich muss leider nach Abu Dhabi fahren. Aber ich gebe Euch die Nummer eines Bekannten. Der hat das schon des Öfteren gemacht. Ruft ihn einfach an und bestellt schöne Grüsse von mir."
Er gab mir die Nummer, verabschiedete sich von uns und weg war er.
Ich gab die Nummer in mein Telefon ein, es klingelte und eine Stimme meldete sich.
„As Salam alaihkum. Wer spricht?"
Ich erklärte der Stimme am anderen Ende, woher ich seine Nummer hatte und worum es ging."
„Das tut mir jetzt aber sehr leid. Ich würde gern helfen, aber ich bin noch eine Woche in Dubai. Wir können uns gern nächste Woche treffen und dann zeige ich Euch alles."
„Schade, nächste Woche sind wir nicht mehr hier."
„Dann ruft mich das nächste Mal an, bevor Ihr wieder nach Abu Dhabi kommt und dann machen wir einen Termin. Und versucht es doch heute einfach mal, jemanden anderes zu fragen. Da hilft Euch bestimmt jemand weiter."

Wir fuhren in das Labyrinth der Straßen und Wege, sahen Baracken, ein paar Häuser und Stallungen. In einem Auto an der Straße saß ein Mann in seinem Pick Up, der über und über mit Heu beladen war. Vielleicht wusste er ja, wie wir an jemanden kommen konnten, der uns näheres erzählen und zeigen kann. Der Fahrer kam aus den Bergen des Hadjar Gebirges und war wie alle, die wir auf unseren Reisen auf der Arabischen Halbinsel trafen und ansprachen, freundlich und auch ein wenig entzückt. Mit der von uns inzwischen mit dem Kürzel EAHF versehenen Methode, Englisch-Arabisch-Hand- und-Fuß, konnten wir erfahren, dass wir vor einer Art Clubhaus standen und irgendwelche Repräsentanten in der nächsten Zeit mit vorbeikommen müssten, inschallah.

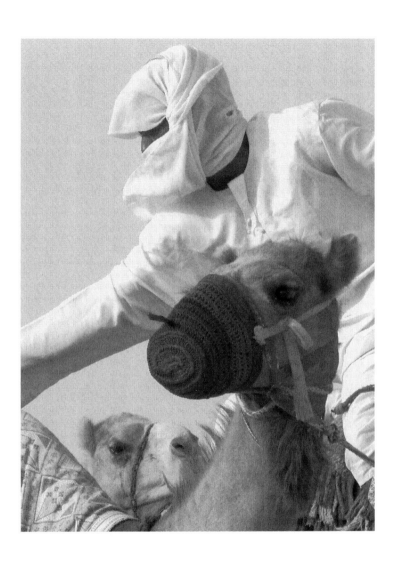

Er selber sei hier, um Honig aus den Bergen zu verkaufen und Heu zu transportieren. Wir warteten eine Weile und es sah so aus, als hätte Gott die Pläne der Herren geändert, denn weit und breit war niemand zu sehen. Aber warum nicht ein wenig durch die Farmen cruisen, in der Hoffnung jemanden zu treffen, der uns herumführen konnte. Ein paar Kreuzungen weiter kamen gerade zwei Araber aus einem Haus, die so aussahen, als hätten sie hier ein Business am Start. Beide sprachen vorzügliches Englisch und einer der beiden erklärte sich bereit, uns den Guide zu machen. Er verabschiedete sich von seinem Landsmann, der seinen Achtzylinder stieg und vom Hof fuhr. Khalid, unser neuer Bekannter, stieg zu uns in den Wagen und dirigierte uns durch ein Netz aus unbefestigten Straßen. Er wäre jetzt auch eine Weile nicht mehr hier gewesen und sei erst seit etwa vierzehn Tagen wieder zurück auf der Farm, erzählte er. Ganz im Gegensatz zu den Gepflogenheiten in den Emiraten und im Oman, begann er das Gespräch mit einer für Araber ungewöhnlichen Fragestunde. Ein wenig forsch wollte er wissen, ob D. und ich denn verheiratet wären und ob wir Kinder hätten, warum nicht und ob denn welche in Planung wären. Merkwürden ließ grüßen, wir waren verwundert und es ging flott weiter. Seine Überzeugung war, dass wir ein paar Pferde zu Hause hätten und alle Deutschen auf einem Bauernhof leben. Innerlich schmunzelten sowohl D., als auch ich, denn was denken Deutsche über die Emirate! Und welches Bild wird von den Emiraten in Europa durch Filmchen mit bunten Bildern, Bentley fahrenden Polizistinnen, vergoldeten Hotellobbys und glitzernden Hochhäusern geschaffen? Nein, es sind keine gebratenen Hühnchen, die den Menschen hier, woher sie auch immer kommen, in den offenen Mund fliegen.

Normalerweise startet man bei der Unterhaltung mit Arabern nicht mit Ansichten zur Politik oder ähnlich tief schürfenden Themen. Man macht ein paar Komplimente, fragt nach der Familie, der Gesundheit, den Kindern, zeigt sich gegenseitig Fotos und hat eine entspannte Unterhaltung. Nach etwa zwanzig Minuten des Herumkurvens zwischen den einzelnen Farmen sagte Khalid: „Etwa hier müsste Yusuf mit seinen Kamelen eigentlich sein. Aber irgendwie ist alles leer. Also, ich war ja auch eine ganze Zeit nicht hier, wahrscheinlich ist er im Augenblick wieder im Sudan." Damit hatte sich also unsere Besichtigung von Swimmingpool, Sauna, Massagestudio und anderen Annehmlichkeiten auf der Kamelfarm erledigt. Wir würden weder das eine, noch das andere zu Gesicht bekommen. Bei Betrachtung der gesamten Anlage hatten wir auch Zweifel daran, irgendetwas derartiges zu finden. Während wir Khalid zu seinem Haus zurückbrachten, erzählte er uns, dass er seinen eigenen Zuchtbetrieb in den nächsten Wochen erst einmal wieder auf Vordermann bringen müsse. Er selbst habe zurzeit nur zwei Kamele, die anderen musste er verkaufen. Es gab da ein paar finanzielle Schwierigkeiten, weswegen er auch eine Weile nicht vor Ort war. Nun ja, das kann eben auch in den Emiraten mal passieren.

Genauso kann es passieren, dass man einen Emirati nach dem Weg fragt. Schließlich denkt man als Ausländer, dass sich Einheimische auskennen. Araber möchten jedoch nicht unhöflich sein und in den Ruf kommen, nicht helfen zu wollen. Also wird dem Nachfrager erklärt, wie er denn zu seinem Ziel kommt. Dass es sich dabei um einen völlig falschen Weg handelt, wird dem unerfahrenen Touristen erst später klar. Keineswegs jedoch wollte der Emirati den

Touristen in die Irre führen. Er beabsichtigte einfach nur freundlich zu sein und nicht „Nein" sagen zu müssen.

Auf dem Weg zurück zur Hauptstraße hielten wir an einer kleinen Ladenzeile. Hier gab es alles, wirklich alles für das Kamel und die Stallungen. Wimpernkämme, Medikamente, Besen, Kameldecken, you name it, they have it.
Ein paar Afghanen saßen im Schatten eines Pick Up und schienen Pause zu machen. Sie sahen mich fotografieren und winkten mich heran. Ich solle auch mal ein paar Fotos von ihnen machen. Die gesamte Szene wirkte wie im Film, Autos fuhren heran, Menschen riefen durcheinander, gekaufte Waren wurden aus den Geschäften geschleppt und auf Pick Ups geladen. Während ich noch ein paar Fotos von den Geschäften und dem Treiben Drumherum machte, hielt ein Auto neben mir und die Scheibe an der Fahrertür wurde nach unten gedreht. Es war Khalids Bekannter, der mit ihm aus dem Haus kam und sich dann verabschiedete. Ihn würde doch mal interessieren, weswegen wir uns so für die Kamele und die Farmen interessieren würden, sagte er, nachdem wir uns gegenseitig vorgestellt hatten. Sein Name war Mabruk. Ich sagte ihm, dass wir sie für sehr interessante Tiere halten würden, dass wir sehr viele Bücher zum Thema gelesen hatten und den größten Eindruck auf uns dabei das Buch von Thesiger hinterlassen hatte.
„Thesiger?"
„Ja, Thesiger. Ein englischer Forscher. Er durchquerte als einer der ersten die Rub Al Khali und reiste über Liwa weiter nach Abu Dhabi."
„Ah, Thesiger, Du meinst Mubarak bin London. Wir nennen ihn hier nur Mubarak bin London!"

Es hatte scheinbar etwas von Insiderwissen, den Namen Thesiger zu kennen und führte zu einer Art von Verzückung und Begeisterung bei meinem Gesprächspartner, auch darüber Bescheid zu wissen, was er für die Beduinen getan und wie eng er mit ihnen verbunden war. Manchmal sind es die Kleinigkeiten, die entsprechende Türen öffnen. Wir jedenfalls erhielten jetzt eine neue Einladung.
„Ich wohne im Hotel „Tilal Liwa", gleich hier am Ende der Straße. Seid meine Gäste, ich kann Euch ein wenig mehr zu den Kamelfarmen und unserem Verhältnis zu den Tieren erzählen. Fahrt einfach hinter mir her."

Wir hatten ohnehin vor, uns das Hotel anzusehen und dort Kaffee zu trinken, also warum nicht der Einladung folgen, wenn wir auch noch Geschichten erfahren konnten, die uns sonst verborgen geblieben wären. Die Million Street führte in gerader Linie ein paar Kilometer Richtung Südosten, bis wir an einen Kreisverkehr kamen. An diesem Kreisverkehr befand sich eine Art Stadion mit Tribüne. Da Gebäude sah leer und verwaist aus. Ein Stadion hier? Wie wir später erfahren sollten, war es das wichtigste Gebäude während des jährlich stattfindenden Al Dhafra Festivals. Einen weiteren Kilometer der Straße folgend und wir erreichten das „Tilal Liwa" Hotel. Das Hotel besaß alle Deko-Elemente, die sich Touristen von Hotels wünschen, wenn sie in den Orient fahren. Eine äußere Architektur, die einem typischen Fort dieser Gegend entlehnt wurde, palmenbepflanzte Auffahrt, hölzerne, geschnitzte Hoteldecken, Springbrunnen, gedimmtes Licht und einen nur nach einer Seite offenen Innenhof mit dichtem Gras sowie ein außerhalb des Hotelareals stehendes Beduinenzelt. Natürlich konnte man das Beduinenzelt für Firmenevents, Hochzeitsfeiern oder was für einen Quatsch auch immer mieten.

Einige Gäste hatte es offensichtlich per Zufall in das Hotel verschlagen, scheinbar wollten sie ein wenig Wüste entdecken und dafür fünf Sterne gebucht. Zugegeben wirkten sie ein wenig wie bestellt und nicht abgeholt, so als ob sie doch besser nur Abu Dhabi Stadt direkt gebucht hätten. Als wir das Hotel betraten, konnten wir sehen, dass für Gäste auch Fahrräder zur Ausleihe vorhanden waren. Jeder Araber würde sich die Frage stellen, was man mit denen denn hier machen will. Ein Europäer wusste es, wir trafen ihn später mit seinem Drahtesel an der Kamelrennbahn. Andere Gäste kamen unverkennbar aus England, was sich schon an ihrer Gesprächslautstärke feststellen ließ und eine Bestätigung erfuhr, als sie mit ihren Ganzkörpertätowierungen, Flip-Flops und in bunten Shorts über die Terrasse oberhalb des Innenhofes zogen. Wir nahmen an einem der Tische Platz, bestellten etwas zu trinken und unser Gastgeber ließ sich eine Shisha kommen.

Was folgte war eine eingehende Unterrichtung und Einführung in die Welt des Kamels und ein Gefühl für die Obsession der Emiratis mit den Tieren. Zuvor erzählte uns Mabruk, dass er für ein paar Tage auf den Kamelfarmen unterwegs sei, um sich einige Tiere anzusehen und höchstwahrscheinlich auch zu kaufen. Man könne die Tiere auch auf Auktionen kaufen, wie sie zum Beispiel in Abu Dhabi jedes Jahr stattfinden. Das sei aber etwas anderes, da dort zum Teil Kinder im Alter von manchmal elf oder zwölf Jahren mit Summen von Geld herumwerfen, dass es schmerzt. Meist kaufen sie Kamele im Auftrag ihrer Väter und Geld spiele keine Rolle. Gelegentlich machen sie sich bei diesen Auktionen den Spaß, einen anderen interessierten Bieter auszustechen, ohne sich wahrscheinlich wirklich über den Wert des Geldes oder des erworbenen Kamels Gedanken zu machen. Einst das Transportmittel Nummer eins in den Emiraten, wurden die Kamele für viele ein Hobby, um jetzt das große Business zu sein. Es gibt Festivals, die sich ausschließlich um das Kamel drehen und zu denen Zehntausende kommen. Eines dieser Festivals ist das Al Dhafra Festival hier im Ort. Auf diesen Festivals wetteifern die Besitzer von bis zu 15.000 Kamelen um Preisgelder in Höhe von acht Millionen Euro.

Wer hat das schönste Kamel in der jeweiligen Kategorie? Eine Jury beurteilt nach bestimmten Kriterien, was schön ist und was noch schöner ist. Dabei wird bewertet, wie elegant die Proportionen des Tieres sind, die Mitglieder der Jury mögen lange Beine und Hälse, wohlgeformte Höcker und große Köpfe genauso, wie ausdrucksvolle Augen, dicke Wimpern und an den Mundwinkeln herabfallende Lippen. Ein weiteres Kriterium für die Jury ist die zur Schau gestellte Ausdrucksstärke und Gelassenheit der Wüstenschiffe. Meist werden die Kamele bei diesen Wettbewerben in zwei zu bewertende Gruppen eingeteilt: Die Rennkamele, hellbraun, die einen schlanken Körper wie Windhunde haben und die schokoladenbraunen Kamele mit hochaufragender und üppiger Statur.

Wozu aber Kamele, wenn sie nichts mehr transportieren und keine Rennen laufen, weswegen werden die braunen, die keine Rennen laufen und nichts transportieren, bewertet? Weil die schokobraunen Kamele für ihre Milch geschätzt werden, die nicht nur sehr gern getrunken wird, sondern weil man daraus auch den besten Joghurt machen kann. Bei diesen Schönheitswettbewerben werden die Kamele natürlich auch wundervoll herausgeputzt und nicht etwa einfach nackt ins Rennen geschickt. Im gut sortierten Kamelfachhandel gibt es dazu alle nur erdenklichen Accessoires, um die Tiere auch entsprechend herauszuputzen: von einfachen Decken und goldfarbenen Glitzerketten, die über die Höcker gelegt werden, bis zu wundervoll gestalteten Halsketten aus Goldgeldstücken ist alles möglich.

„Ihr müsst noch einmal wiederkommen, wenn das Festival stattfindet. Jedes Jahr im Dezember sind es vierzehn Tage, die Ihr nicht vergessen werdet. Ihr müsst aber rechtzeitig ein Hotelzimmer buchen, denn sonst ist alles ausgebucht. Viele Besucher kommen mit Zelten und bauen ihre Camps hier in der Wüste auf. Jeden Tag könnt ihr Kamele sehen, die von ihren Besitzern auf der Straße auf und ab geführt werden, damit jeder die wundervollen Tiere sehen kann, bevor sie am Wettbewerb teilnehmen. Und den Tieren folgen viele Menschen, die singen und tanzen. Andere fahren im Auto hinterher und hupen pausenlos." Während er das sagte, musste er ein wenig lächeln und fügte hinzu: „Das ist bequemer und wir können mit Freunden und Familie zusammen im Auto fahren und uns über die Wettkämpfe und Kamele unterhalten."

Die Bewertung der Kamele, die von Sonnenaufgang bis Sonnenuntergang erfolgt, sei eine Sache für sich, erklärte er uns weiter. So werden die hellen Rennkamele, auch *asayel* genannt, von den dunklen Kamelen, die als *majahim* bezeichnet und für ihre Milch geliebt werden, getrennt bewertet. Außerdem werden die Tiere danach eingeteilt, ob die Kamele vom Züchter gekauft oder aus der eigenen Zucht stammen. Im Stadion unweit des Hotels geht es immer hoch her und fast unausgesetzt wird auch während der Bewertung durch die Jurymitglieder vom Publikum gesungen und getanzt. Die Kamele werden meist mit einem Jungtier zusammen ins Stadion geführt.

Das Jungtier wird kurz vor der Wertung von den Muttertieren getrennt. Ein alter Trick, meinte unser Gastgeber. Das erwachsene Tier schaut sich nach seinem Jungen um und währenddessen hält es den Kopf oben, schaut in alle Richtungen. Das mögen die Preisrichter, die damit positiv beeinflusst werden sollen.
Hat ein Kamel den Wettbewerb in seiner Kategorie gewonnen, muss der Eigentümer einen Schwur hinsichtlich des Alters und der Abstammung des Tieres auf den Koran leisten. Das Kamel wird daraufhin mit Safranpaste eingestrichen und unter Jubel der Zuschauer die Million Street auf und ab geführt. Im Augenblick wirkte die Gegend um die Kamelfarmen, das Hotel und das Stadion leer, einfach nur flacher Sand.
Für die Emiratis ist das Festival die Erinnerung an ihr Erbe als Beduinen, die Pflege einer jahrhundertelangen Tradition. Da werden Gedichte auf die Gewinnerkamele geschrieben und von bekannten Rezitatoren wie Hymnen vorgetragen, es finden Pferderennen statt, Frauen aus dem Oman und Saudi-Arabien verkaufen ihre Stoffe und Kamelreitbedarf, es wird mit Falken gehandelt, Melkwettbewerbe durchgeführt und um die Wette geschossen.

Mabruk hatte nicht zu viel versprochen, als er sagte, uns einige Dinge über Kamele erzählen zu wollen. Jetzt aber müsse er uns aber auf jeden Fall noch erklären, wie ein Kamel zu seinem Namen kommt. Denn Namen sind wichtig und geben eine Menge Informationen über das Tier, wie er sagte. Da es bisher schon spannend und interessant für uns war, kam ein Abschied noch nicht in Frage. Wir wollten jetzt wissen, wie Kamele zu ihren Namen kommen. Hatten Kamele berühmte Vorfahren, so werden die Tiere meist nach diesen benannt.

Es gibt Tiere, die lösten solch eine Begeisterung bei den Emiratis aus, dass man ihren Namen noch nach dreißig oder vierzig Jahren kennt. Und wenn es dann ein Tier mit dem gleichen Namen gibt, wissen Kenner, dass es sich um den Ururenkel dieses berühmten Kamels handelt, kennen den Stammbaum und so ziemlich jede Einzelheit, die es unbedingt über diese Zuchtlinie zu wissen gilt. Solche Kamele bekommen eine größere Anerkennung, denn es ist eine große Ehre, nach einem berühmten Vorfahren benannt zu werden. Gut, dem Kamel selbst kann es wahrscheinlich völlig egal sein. Denkt man jedenfalls als Mitteleuropäer, der mit Kamelzucht wenig am Hut hat.
„Es gab mal einen Kamelzüchter hier in Madinat Zayed", erzählte Mabruk weiter, „der hatte weder Kamele aus einer besonderen Zucht, noch waren sie anderweitig preisverdächtig. Um aber den Namen bekannt zu machen, gab er allen seiner dreihundert Kamele den gleichen Namen und nutzte ihn als Marketinginstrument. Ganz einfach, um den Namen seines Gestüts bekannt zu machen. Man stelle sich vor, Rennkamele, alle mit dem gleichen Namen auf Kamelrennen. Die Veranstalter fanden das eher unsportlich und wenig witzig, forderten ihn schlussendlich auf, seinen Kamelen andere, unterschiedliche Namen zu geben. Der hatte dann ein wenig zu tun."

Mabruk musste sich selbst ein wenig über diese Geschichte amüsieren und berichtete weiter, dass auch die Eigenschaften eines Kamels für den Namen entscheidend sein können. Dabei gibt es etwa sechzig Eigenschaften, nach denen ein Kamel seinen Namen erhält. Ein Kamel, das beispielsweise nur alle zwei Tage trinkt, erhält den Namen *al ghab*. Oder Kamele, die andere zur Wasserstelle führen, heißen *al salouf*, während Kamele, die schaumige Milch liefern, den Namen *al jdhour* bekommen. Und ja, es ist nicht einfach und für Außenstehende verwirrend, Rennkamele werden auch nach ihrer geografischen Herkunft, ihrer Geschwindigkeit oder dem Zuchterfolg benannt. Uns rauchte der Kopf, ob der vielen Informationen, die wir ohne Mabruks Hilfe in diesem entspannten Gespräch wohl nie erhalten hätten. Beim Abschied sagte er eindringlich, dass wir ihn auf alle Fälle anrufen sollten, wenn wir denn zum Al Dharfa Festival kämen. Ein Platz in seinem Camp wäre für uns immer reserviert.

Da wir ohnehin fast in Madinat Zayed waren, lag es auf der Hand, beim freundlichen Team der Syrer zum Abendessen ranzufahren und noch einmal den spannenden und informativen Tag Revue passieren zu lassen, bevor wir Pläne für den nächsten Tag besprachen. Der sah vor, uns mit Brennholz und Steaks einzudecken, danach zur Moreeb Düne zu fahren und auf dem Rückweg ein BBQ in der Wüste zu machen.

Im Hotel waren wir die einzigen Gäste zum Frühstück. Das Wochenende war vorbei und außer uns hatte es scheinbar keine weiteren Touristen in diese Gegend verschlagen. Nun ja, es war kein Fünf-Sterne-Haus und besaß auch nicht den künstlichen Schick des Orientalen. Wir waren froh, dass es nicht die Horden von Pauschaltouristen hatte, die es früher oder später immer wieder schaffen, so ziemlich jedes Ferienziel in Schutt und Asche zu legen. Ecken, die vor zehn oder zwanzig Jahren noch ein Geheimtipp waren, fallen nach und nach der immer gigantischer planenden Tourismusindustrie zum Opfer. Anfangs von den Menschen vor Ort herbeigesehnt, merken die Einheimischen schnell, wie das immer Mehr an Touristen ihr eigenes Leben negativ beeinflusst. Der General Manager eines Hotels in Dubai klagte mir sein Leid: „Am Anfang dachten wir, dass die Stadt mehr Hotelbetten bräuchte. Im Augenblick kämpfen wir jeder gegen jeden. Wer bietet die günstigsten Preise, um das Haus auch auszulasten." Und wenn man wissen will, wo die Stadt inzwischen angekommen ist, dann stellt man sich abends einfach in die Menge tausender Touristen an den Wasserspielen vor dem Burj Khalifa und beobachtet die Masse. Dabei könnte man meinen, dass neunzig Prozent derer, die dort stehen, noch nie einen Springbrunnen gesehen hätten.

Dieses Problem hatten wir hier in Liwa zum Glück nicht. Also machten wir uns auf zur Tankstelle im Ort, denn dort gab es Brennholz für ein Lagerfeuer. Ich suchte gerade ein paar Säcke Holz aus dem Container, wollte zur Kasse gehen, als ein Einheimischer auf das Holz zeigte und mir erklärte, dass dies nicht wirklich die Qualität wäre, die ich kaufen sollte. Im Laden gegenüber der Tankstelle gäbe es das richtige Holz.

Dort hätten sie alles, was es für ein richtiges Lagerfeuer und BBQ in der Wüste bräuchte. Ich bedankte mich und zwei Minuten später standen wir in dem Ausrüster für alle Hobbywüstenentdecker: Der „Liwa Oasis Picnics"-Shop. Das non plus Ultra für alle, die mal eben ein BBQ in der Wüste veranstalten wollen, Ausrüstung für ein gesamtes Camp benötigen oder einen wochenlangen Trip durch die Wüste planen. Eigentlich ist der Name noch untertrieben. Vom einfachen Streichholz, über Grillgeräte, Decken, simplen Lampen, Zelten bis hin zur Profiausrüstung wie Strahlern, wie sie von der deutschen Autobahnpolizei bei einer Massenkarambolage auf der A7 genutzt werden und den dazu passenden schrankkoffergroßen Batterien war alles zu haben. Selbstverständlich auch simples Brennholz. Auf Länge gesägte und gespaltene Buchenholzstämme, liebevoll mit einem ausreichend großen Stück Spezialanzünder dekoriert. „Wenn ihr richtig gutes Fleisch braucht, dann fahrt mal in die Kooperative", war die Antwort auf meine Frage zum Grillgut.

Der Fleischstand in der Kooperative ließ uns erahnen, dass hier nicht gekleckert wird. In der Auslage sahen wir halbe Lämmer liegen. Als wir an der Reihe waren, kam unsere EAHF-Technik wieder zum Einsatz. Mit Hilfe eines anderen Kunden, der hinter uns in der Schlange stand, gelang es, dem Fleischfachverkäufer zu erklären, dass wir gern Beef hätten.
„Ein Kilo? Oder zwei Kilo?", war seine Frage, als er mit einer halben Kuh aus dem Kühlraum an die Fleischtheke zurückkam.
„Nun, wir wären schon mit vier größeren Steaks zufrieden", antwortete ich.
Die Kollegen hinter uns in der Schlange schienen sich ob unserer Mindermengen ein wenig zu beömmeln.

Aber der Kunde ist König und die Waage konnte auch weniger als ein Kilo anzeigen. So bekamen wir unsere Steaks und holten gleich auch noch alles andere, was wir für das BBQ benötigten.

Der Weg zur Moreeb Düne war einfach zu finden, denn wir waren ja bereits in der Nähe der Düne an unserem ersten Tag im Stadt-Bedu-Camp gelandet. Bis vor wenigen Jahren war die Düne nur über eine Piste zu erreichen und die Fahrt dauerte mit einem Allrad etwa zwei Stunden von Liwa aus. Das war jetzt um einiges leichter, denn die Straße war in einem super Zustand. Der Sand, zu mal weniger und mal mehr hohen Dünen aufgetürmt, wechselte seine Farbe, rechts und links, abseits der Straße und von den Dünen halb verborgen, gab es gelegentlich immer mal wieder Zelte, neben denen eingezäunte Kamele standen. Einige weite Täler, durch die die Straße führte, zeigten auf der Oberfläche des Sandes einen weißen Schimmer, Salzablagerungen. Trotz des scheinbar endlosen Sandes, wurde die Fahrt nicht langweilig. Denn die immer wieder neuen Strukturen, Formen und Farbspiele der Wüste beeindruckten uns wieder und wieder aufs Neue. Nach gut einer halben Stunde Fahrt begrüßte uns ein Schild an einem Laternenmast mit „Welcome to Liwa Moreeb Dune". Ein großes Tal zwischen hohen Sanddünen und der mächtigsten und größten, der Moreeb Düne. Keine Ahnung, was beeindruckender ist: Vor der Düne zu stehen und die schiere Höhe mit einem Anstiegswinkel von etwa 45 bis 50 Grad nach oben zu schauen oder wie wir vor wenigen Tagen, mit einem Sand Buggy auf dem Dünenkamm zu stehen und in rasanter Fahrt nach unten zu fahren.

Am Fuß der Düne gab es eine Tribüne, die anscheinend nur dazu erbaut wurde, um während des Liwa-Festivals den abenteuerlich-halsbrecherischen Versuchen von Motorrad- und Buggy-Fahrern zuzuschauen, den Kamm der Düne zu erreichen. Das restliche Tal bestand aus Parkplätzen und verfügte über fünf Heli-Landeplätze, um auch stilsicher anreisen zu können. Während des Festivals tobt hier alljährlich ähnlich der Bär, wie auf dem Al Dhafar-Festival in Madinat Zayed. Abertausende vergnügen sich über Tage und man könnte es wahrscheinlich als die arabische Variante von Woodstock oder Wacken bezeichnen. Natürlich ohne Alkohol und anderen, das Gehirn temporär verändernden Substanzen.

Wer nur kurz Urlaub in den Emiraten macht, für den lohnt es sich wahrscheinlich nicht, die Fahrt von Abu Dhabi zur Düne zu planen. Denn immerhin beträgt die Fahrzeit hin und zurück um die sechs Stunden. Wenn man jedoch ohnehin beabsichtigt, ein paar Tage in Liwa zu verbringen, sollte man sich die Moreeb Düne und den Weg dorthin nicht entgehen lassen.

Die Sonne stand schon tiefer und wir hatten vor, uns noch vor Sonnenuntergang ein Plätzchen für unser BBQ irgendwo in einem Dünental in der Wüste zu suchen. Also machten wir uns langsam auf den Weg, bogen irgendwo von der Straße ab und fanden einen Ort, der von außen nicht einsehbar war. Langsam wurde es dunkel und wir entfachten das Lagerfeuer und die Grillkohle. Über uns breitete sich langsam das dunkle Blau bis Schwarz des arabischen Himmels aus, an dem unendlich viele Sterne zu funkeln begannen. Stille, nur das Knistern des brennenden Holzes war zu hören, während wir auf dem warmen und weichen Sand saßen. Es gibt ab und zu den Tipp doch vorsichtig zu sein, da es in der Wüste auch

Skorpione gibt. Das ist richtig, allerdings ist es wie mit den Räubern im Wald: Die warten nicht ewig, bis irgendwann mal wer vorbeikommt. Und so machten wir uns darum keine Gedanken. Was gefährliche Tiere anbelangt, so war es das auch schon. Der Sandfisch oder Apothekerskink, eine etwa 20 Zentimeter große Echsenart, geht eher auf Tauchstation, wenn sich jemand nähert. Dabei gräbt sich das Tier blitzschnell mit seiner spitzen Schnauze in den Sand ein und kann sich wie ein Fisch im Sand fortbewegen. Hauptsächlich ernährt sich der Sandfisch von Insekten, die seinen Weg kreuzen.

Und dann gibt es da noch die Wüstenmaus. Von der erzählte mir D. schon in Vorbereitung auf die Reise. Eine kleine Maus, die überall mal ihre Nase reinsteckt und durch ihre haarigen Füße wunderbar auf dem Wüstensand klarkommt. Wir dachten nicht daran, eines der Tiere zu sehen, bis sich irgendetwas in etwa zwei Meter Entfernung dem Lagerfeuer näherte. Es war tatsächlich die Wüstenmaus, die sich vorsichtig an das Feuer heranpirschte und scheinbar sehen wollte, wer da in ihr Revier eindringt. Der Salat, den wir dabeihatten, konnte es nicht gewesen, was sie angelockt hatte. Eine schnelle Bewegung mit dem Arm in ihre Richtung, verbunden mit dem Satz von mir: „Da ist sie, die Wüstenmaus!", war es dann auch. Die Maus war schneller weg, als D. noch nach ihr schauen konnte.

Wir hatten jetzt ein Thema, dass uns die nächste Zeit beschäftigte und fragten uns, ob denn vielleicht Herr Wüstenfuchs noch über den Dünenkamm schauen würde. Vielleicht wird er ja durch den Geruch des Beefs angelockt.

Dass wir am nächsten Tag noch weitaus außergewöhnlichere Tiere der Wüste begegnen sollten, konnten wir hier am Lagerfeuer noch nicht ahnen. Und ich will an dieser Stelle auch nicht vorgreifen.

Fast unbemerkt von uns hatte sich der Himmel mit Wolken zugezogen und, ja, es regnet auch in der Wüste. Allerdings anders, als in Mitteleuropa. Ein paar Tropfen ab und zu, deutlich größer als der durchschnittliche Regentropfen, der in Deutschland fällt. Für uns kein Grund einzupacken, denn so schnell wie der Regen kam, hörte er auch wieder auf. Wir hatten noch eine wundervolle Zeit am Feuer in der Wüste, bevor wir uns mit dem Vorsatz, den Abend in den nächsten Tagen noch einmal zu wiederholen, auf die Rückfahrt zum Hotel machten.

Der nächste Tag sollte uns in die östliche Ecke der Liwa Oase führen. Ich hatte die Gegend vor mehr als zehn Jahren bereits gesehen und war auf die Veränderungen gespannt, die sich seitdem ergeben hatten. Zudem wollten wir uns das Wüstenresort Qasr al Sarab, ein Fünf-Sterne-Hotel, weit abseits vom Schuss, in der Wüste ansehen. Wir ließen es gemütlich angehen und machten uns nach einem späten Frühstück auf den Weg.

Die Straße entlang der Oase hatte man autobahnähnlich ausgebaut, kein Vergleich mehr mit der, ich noch vor Jahren hier entlangfuhr. Die Dünenlandschaft war großflächig unterbrochen von sattem Grün der Dattelpalmen, deren Pflanzungen teilweise kilometerweit in die Wüste führten. Es muss ein unbeschreiblicher Aufwand gewesen sein, die Bäume nicht nur zu pflanzen, sondern auch das Wasser zu fördern, das es braucht, um die Pflanzen so erfolgreich gedeihen zu lassen. Beiderseits der Straße gab es gelegentlich Häuser und auf der gesamten Strecke einen Zaun, wohl um zu verhindern, dass Kamele auf den Gedanken kamen, die Straßenseite zu wechseln. Der Zaun hatte von Zeit zu Zeit Tore, damit man von der Straße abbiegen, mit dem richtigen Schlüssel das Tor öffnen und in die endlose Weite der Wüste fahren konnte. Was befindet sich wohl hinter den von der Straße aus sichtbaren Sanddünen? Sind es nur neue Sanddünen oder gibt es dort noch immer die Camps der Beduinen, so wie ich es schon einmal erlebt hatte? Mir juckte es in den Fingern, von der Straße abzubiegen und in die Wüste hineinzufahren. Und wie es der Zufall wollte, war da doch plötzlich eines der Tore offen und wir flink auf der Piste in die Dünen hinein. Zunächst sah es tatsächlich so aus, als ob einer Sanddüne die nächste und noch eine weitere nach einer weiteren folgt, als die Piste hinunter in ein größeres Tal zwischen all dem Sand führte.

Auf den ersten Blick fast nicht zusehen, versteckte sich dort unten im Tal ein etwa ein mal ein Kilometer großes Grundstück, vollständig von einer tiefgrünen, hohen Hecke aus Büschen und Bäumen umgeben. Auf dem Grundstück selbst gab es wiederum jede Menge Bäume, Palmen und Büsche, dazwischen mehrere Häuser und einen riesigen Swimmingpool. Ein Mobilfonsendemast stand in einer Ecke und es gab eine breite Einfahrt auf das Grundstück mit einem schmiedeeisernen Tor. Nettes Sommerhäuschen, dachten wir, während wir an der Außenseite des Grundstücks entlangfuhren. Wieder am Eingangstor angelangt, schauten bereits zwei Kollegen auf unser Auto und bei dem Blick hielten wir es für angezeigt, uns ohne weitere Befragungen, wieder auf den Weg zurück zur Hauptstraße zu machen. Hinter jeder Düne, so unwahrscheinlich es ist, kann in der Wüste immer mehr als nur Sand, manchmal auch eine kleine Überraschung warten.

Die Landschaft änderte sich mit jedem Kilometer, den wir weiter durch die Oase in Richtung Osten fuhren. Nicht nur die Dünen wurden höher und langgestreckter, der Sand änderte auch immer stärker seine Farbe und überraschte mit extremen Kontrasten zwischen hellem Gelb und dunklem Braun. So abwechslungsreich hätte die Fahrt noch eine Weile weitergehen können, als wir die Abfahrt zum Hotelresort sahen und von der Hauptstraße abbogen. Nach einigen hundert Metern hatte es eine Schranke und ein kleines Wachhäuschen, aus dem ein Mann in Uniform mit einem Klemmbrett in der Hand auf die Straße trat. Ich wurde nach unseren Namen befragt, die Autonummer wurde notiert und dann öffnete sich die Schranke. Die tiefschwarze Straße sah aus, wie gestern frisch asphaltiert, führte in Kurven zwischen den Sanddünen hinauf und wieder hinunter.

Nach wenigen Kilometern kamen wir an eine Art Tordurchfahrt und konnten dahinter bereits die Umrisse des Hotels erkennen.

Jemand hatte scheinbar sehr viel Geld in die Hand genommen, um hier mitten im Nirgendwo einen Hotelkomplex mit 140 Zimmern, 14 Suiten und 52 Villen und Preisen zwischen 450 und 650 Euro pro Nacht zu bauen. Von Weitem erinnerte die Hotelanlage zwischen den Dünen an eine Art Karawanserei oder ein größeres Fort aus alten Zeiten. Vielleicht wollte man auch die Illusion einer ehemals im Wüstensand versunkenen und nach Jahrhunderten wieder aufgetauchten arabischen Stadt bei den Touristen erzeugen. Denn geheimnisvolle Geschichten ranken sich bis heute um sagenumwobene Städte voller Reichtum, die im Laufe der Jahrhunderte im Sand der Wüste versunken sein sollen.

Eine dieser Städte ist die im Koran erwähnte Stadt Ubar, von der bereits Philby dachte, sie gefunden zu haben. Eine andere Stadt, die durch die Geschichten der Gegend geistert, ist ´Ad. Die Stadt wurde schon an verschiedenen Orten des Leeren Viertels vermutet und eine besonders mysteriöse Geschichte ist die des Royal Air Force Offiziers O´Shea.

Während des zweiten Weltkriegs befand sich ein Flugzeug der Royal Air Force auf einem Routineflug von Salalah im Süden des Oman nach Muskat. Die Piloten verloren ihre Funkpeilung und navigierten entsprechend in eine falsche Richtung. Anstelle Muskat zu erreichen, überflogen sie Teile des Leeren Viertels und stellten fest, dass ihnen der Treibstoff ausging, worauf sie in der Nähe von Sharjah notlanden mussten. Der Pilot erzählte, er hätte während des Fluges irgendwo in der Wüste die Reste einer Stadt aus dem Flugzeug gesehen. Dabei brachte er sein Flugzeug auf etwa 200 Meter über dem Grund hinunter und drehte mehrere

Runden über den Ruinen, um zu sehen, ob sich dort Menschen aufhalten. O´Shea, der während des Krieges in Sharjah diente, traf den Piloten persönlich und der erzählte ihm, dass sich die Reste der Stadt etwa 40 Kilometer südlich der Oase Liwa befunden hätten. Hinsichtlich der ohnehin falschen Peilungen der Piloten, stellte sich die Frage nach der Richtigkeit dieser Angaben. Nicht jedoch für O´Shea. Der war begeistert von der Geschichte und besessen von der Idee, die Ruinen der Stadt im Leeren Viertel zu finden. Mit einem Kollegen machte er sich während eines Urlaubs heimlich auf den Weg, um mit einem Truck von Sharjah nach Al Ain zu gelangen. Von dort aus wollten sie mit Kamelen weiter in Richtung Liwa und die Wüste zu ziehen. Bereits in den ersten Tagen ihrer Reise durch die Wüste mussten sie feststellen, dass ihre Vorräte nicht ausreichend waren. Entsprechend blieb ihnen nur übrig, die Wasserrationen zu limitieren. Nach einigen Tagen, so beschreibt es O´Shea in seinem später erschienenen Buch, hätten er und sein Kollege den Hügel, wie vom Royal Air Force Piloten beschrieben, in der Wüste entdeckt. Auf diesem Hügel in der Wüste wären sie dann auch fündig geworden, es gab Reste von Mauern und Überbleibsel von mindestens vier Wachtürmen. Da niemand so recht seine Geschichte glauben wollte, lud er Archäologen ein, sich selbst auf die Suche zu machen, konnte aber keine genauen Koordinaten der Ruinenstadt liefern. Die Frage, inwieweit seine gesamte Geschichte ein Fake war stellte sich spätestens, nachdem eines seiner im Buch veröffentlichten Bilder nachweislich nicht irgendwo in der Wüste südlich von Liwa, sondern in Muskat aufgenommen wurde. Aber bei allem Zweifel bleibt natürlich die Frage, ob es sie denn gibt, die versunkenen Städte in der Wüste, einstmals umgeben von sattem Grün der Palmen und einem Leben wie im Paradies, weit abseits der übrigen Zivilisation.

Diesen Gedanken hatten scheinbar auch die Planer der Hotelanlage, deren Eingang wir inzwischen mit dem Auto erreicht hatten. Die Wagentüren wurden aufgerissen und man bedeutete uns, den Wagen parken zu wollen. Wir gingen in die große und hohe Eingangshalle, die einen Hauch von „So-stellt-sich-Hollywood-Arabien-vor" versprühte und gleichzeitig im Geruch von Küchendünsten unterging.
„Mmh, die Lüftungsanlage sollte in der Küche eines solchen Hauses eigentlich funktionieren", war D.'s Meinung zu dieser olfaktorischen Überraschung.
Geradezu, direkt hinter der Lobby gab es ein Restaurant, direkt verbunden mit einer Art Bar. „Westliche Abstraktion in der Kunst trifft Orient" war unser Eindruck zu den Acrylmeisterwerken an den Wänden der ansonsten arabisch dekorierten und anmutenden Bar. Irgendwie musste man ja den Weltenbummler beeindrucken und Kontraste setzen, wenn er oder sie schon bereit war, sich in dieser Oase der Sinne und der Freiheit von endlosen Blicken in die Weiten der Wüste, verwöhnen zu lassen.
Wir nahmen an einem der kleinen Tische Platz und bestellten für jeden von uns ein Stück Kuchen und einen Cappuccino. Im Hintergrund dudelte Arabian Desert Lounge Deep House, zeitweilig übertönt von Live Musik aus einem Nebenraum. Was es damit auf sich hatte, wurde uns klar, als die Musikerin mit ihrem Instrument in die Bar kam und begann, ihr Instrument zu stimmen. „Pling, pling, pliiing, pling, pliiing...", schallte es durch den Raum.

Ich war fast geneigt, einem Kommentar auf der Webseite des Hotels zuzustimmen: „Eine der außergewöhnlichen Hotelerfahrungen. Es sollte in jedem Fall unter den Top Places der Welt aufgeführt werden. Herzlichen Dank für die glückliche Familienerinnerung, die uns für immer im

Gedächtnis bleiben wird. Großartiger Kamelritt und Rückenmassage im Spa." Nun ja, man kann niemandem einen Vorwurf machen, der nichts Anderes erlebt hat und schon gar nicht das Erlebnis eines echten Fünf-Sterne-Haus vor zwanzig Jahren kennt. In diesen Häusern waren die herausragenden Highlights andere, als die Rückenmassage im Spa. Aber ich will an dieser Stelle auch nicht nur kritisieren. Endlich kam unser Kuchen. Und der war wirklich vorzüglich. Das sage ich, obwohl uns dieses kleine Dessert etwa fünfzig Britische Pfund kostete. Man gibt schließlich gern, irgendwie muss sich das Ganze ja auch kostendeckend finanzieren.

Schlussendlich ließen wir es uns nicht nehmen, noch einen kleinen Rundgang durch die öffentlichen Bereiche des Hotels zu machen. Für den gebildeten klassischen Reisenden hatte es eine Bibliothek, die sicherlich gern von den in Hause verweilenden Touristen in Anspruch genommen wird. Ohne Frage, die Architekten wussten präzise, wie sie die von Touristen antizipierte arabische Kultur mit Disneyland verschmelzen. D. und ich wollten einfach nur wieder raus aus dieser künstlichen Welt, die nichts, aber auch gar nichts mit dem Leben in der Wüste zu tun hatte.

Besonders freuten wir uns dann, als wir sahen, dass die Herren vom Valet Parking unseren Wagen direkt in der Sonne geparkt stehengelassen hatten. Tja, ein Fünf-Sterne-Haus kann heutzutage so viel Luxus und Annehmlichkeiten für seine Gäste bieten. Immerhin würden nach eigenen Angaben des Resorts und laut seiner Internetseite 96 Prozent der Gäste des Hauses dieses Hotel weiterempfehlen. Wir gehörten an diesem Tag zu den anderen vier Prozent.

Auf der Fahrt vom Wachhäuschen am Eingang zum Hotel hatten wir bemerkt, dass eine Straße außerhalb des Hotelgeländes in die Wüste hineinführte. Immerhin hatten es uns die Formen und Farben der Dünen und des Sandes angetan, mehr davon zu sehen und zu entdecken. Also fanden wir uns wenig später auf eben dieser Straße wieder, die den Schildern zufolge zu einem Erdgasfeld führte. Beiderseits der Straße hatte es ebenfalls einen Zaun und als wir an einem der daran befindlichen Schilder hielten, um zu lesen, was darauf geschrieben steht, stellten wir fest, dass es sich um die Reservate der Oryx Antilopen handelte. „Betreten verboten und nur mit Genehmigung der Naturschutzbehörde gestattet". Gut zu wissen und so erklärten sich auch die Warnschilder an der Auffahrt zum Hotel, die, ähnlich zu den deutschen Warnhinweisschilder vor Wildwechsel, eine Gazelle anstelle eines Hirsches zeigten. Da nimmt man nur ausreichend Schotter in die Hand und Schwupps, hat man das Hotel gepflegt im Naturreservat untergebracht.

Während die Straße in etlichen Kurven immer wieder neue spektakuläre Blicke auf die endlose Weite des Leeren Viertels freigab, tauchte auf der linken Seite ein bewachter Eingang in das Reservat auf, was auch gleichzeitig der Abzweig in Richtung Erdgasfeld war. Da es für uns dort nicht weiterging, folgten wir dem Verlauf der eigentlichen Hauptstraße. Nach mehreren Kilometern sahen wir in einiger Entfernung verfallene Baracken auf einer Sanddüne hoch oben über der Straße. Kurz darauf stand auf der gleichen Seite eine umzäunte Anlage, die einen militärisch genutzten Eindruck machte. Die Schilder am Straßenrand gaben unseren Vermutungen recht.

Da aber niemand mit einer Waffe im Anschlag hinter einer der Dünen hervorsprang, um unsere Fahrt zu beenden, fuhren wir einfach weiter. Sehr zur Freude von D., die in solchen Situationen immer sehr entspannt.

Schließlich war es dann doch Zeit, den Wagen zu wenden, denn wir fanden uns an einem etwa zwei Meter hohen Zaun wieder, der auf der Krone mit Stacheldraht besetzt war. Es war die Fortsetzung des Zaunes und der an ihm entlanglaufenden asphaltierten Postenstraße zu Saudi-Arabien, die wir bereits vor wenigen Tagen im Osten der Liwa Oase gesehen hatten.

Die Sonne warf inzwischen ein warmes Licht und sorgte für längere Schatten. So war es eine gute Gelegenheit, auf der Rückfahrt eindrucksvolle Fotos von diesem Teil der Wüste zu machen.

„Schade, dass wir keine Oryx Antilopen gesehen haben", sagte D., während mir wieder dieses Gebäude auf einer vielleicht 150 Meter hohen Düne auffiel, was ich schon kurz auf der Hinfahrt gesehen hatte. An der unbefestigten Auffahrt zur Düne befand sich ein Schild. Jedoch war die Schrift zu klein und wir konnten es beim Vorbeifahren nicht lesen.

„Wir fahren da einfach mal hoch und schauen, was das für ein Gebäude ist. Vielleicht haben wir ja einen guten Blick in die Wüste hinein", sagte ich zu D., die meine derartigen Experimente grundsätzlich liebte.

Auf dem Parkplatz vor dem Gebäude standen etliche Pick Ups. In dem Moment, als wir aus dem Auto stiegen, kam ein Mann in einer strahlend weißen Dishdasha aus dem Gebäude und auf uns zu. Er begrüßte uns freundlich und schien zu fragen, was wir hier machen oder wollen.

Da sein Englisch für meine Erklärung nicht ausreichte, nahm er uns mit in das Gebäude und brachte uns in ein Büro, in dem sich drei oder vier ebenfalls traditionell gekleidete Männer unterhielten. Ich erklärte ihnen den Grund unseres Besuches und da war sie wieder, die arabische Gastfreundschaft. Bei dem Gebäude handelte es sich um eine Außenstelle der Umweltschutzbehörde und die Herren waren zuständig für das Oryx Antilopen Reservat, quasi Wildhüter. Scheinbar froh über ein wenig Abwechslung durch unseren Besuch, mit dem man nicht gerechnet hatte, führten sie uns in einen großen Raum.

Der zirka sechzig Quadratmeter große Raum war vollständig mit traditionellen Teppichen ausgelegt und hatte etwas von einem *majlis*. Die Schuhe blieben vor der Tür. Um die Wände herum lagen Kissen, auf denen bereits einige Männer saßen und sich angeregt unterhielten. Dabei tranken sie Kaffee und Tee, aßen Früchte und rauchten. An den Wänden gab es neben Bildern der Herrscherfamilie auch große Schilder, auf denen das Rauchen untersagt wurde. Man bat uns Platz zu nehmen und bot uns Kaffee an. Währenddessen schien einer der Männer den anderen zu erklären, was uns hierhergeführt hatte. Alle nickten mit dem Kopf, sagten irgendetwas und freuten sich.

Der Chef vons Janze, so hatte es jedenfalls den Eindruck, begann, uns die Geschichte des Reservats im Allgemeinen und die der Oryx Antilope im Speziellen zu beschreiben. Während er anfing zu erzählen, reichte jemand anderes eine Schale mit Früchten herum und wir wurden aufgefordert, reichlich zuzugreifen.

Die Oryx Antilope, nicht größer als etwa einen Meter, stammt ursprünglich von afrikanischen Arten ab und hat sich im Laufe der Evolution und der Trennung der arabischen Halbinsel vom afrikanischen Kontinent perfekt den Lebensbedingungen in der lebensfeindlichen Umgebung des Leeren Viertels angepasst. Ihr weißes Fell reflektiert die Sonne und die Oryx verfügen über die Möglichkeit, ihre Körpertemperatur bei Bedarf zu erhöhen, um den Wasserverlust zu reduzieren. Es hält sich das Gerücht, dass die Geschichten von Einhörnern auf Oryx Antilopen zurückgehen, da ihre zwei etwa siebzig bis achtzig Zentimeter langen Hörner von der Seite wie eines aussehen. Es hat etwas mystisches und geheimnisvolles, diese Erzählungen im Kreise alter Araber zu hören, die in der Wüste zu Hause sind und wahrscheinlich jeden Zentimeter der Gegend kennen. Wir waren versucht, ihm die Geschichte zu glauben.

Das von den Wildhütern betreute Projekt wurde ins Leben gerufen, da die Oryx auf der arabischen Halbinsel so gut wie ausgerottet waren. Ein letztes freilebendes Exemplar wurde 1971 erlegt. Bereits Thesiger hatte in seinem Buch über die Durchquerung des Leeren Viertels sein Missfallen darüber zum Ausdruck gebracht, wie Europäer mit Autos durch die Wüste fahren und aus dem Wagen heraus die Tiere zu Dutzenden abschießen. Jedenfalls entschloss sich Abu Dhabi, etwa einhundert Oryx Antilopen aus dem Zoo in Abu Dhabi in der Wüste auszuwildern, berichtete unser Gastgeber weiter. Innerhalb weniger Jahre wurde die Aktion zu einem Erfolg, denn die Population der im Reservat lebenden Oryx hatte sich auf über 1.500 Tiere erhöht.

„Wir haben hier auf dem Gelände auch zwei Tiere. Mohammed bringt Euch zu ihnen, dann könnt Ihr sie aus der Nähe betrachten."

Mohammed führte uns zu den beiden Oryx, bei denen es sich um eine Antilopenkuh und einen Bock handelte. Das Weibchen war trächtig. Wir standen etwa zehn Meter vom Zaun entfernt und als Mohammed sah, dass ich ein Foto machen wollte, meinte er, ich könne mich ruhig dem Zaun nähern, was ich daraufhin auch vorsichtig tat. Die beiden Tiere zeigten keine Spur von Angst, als ich mich ihnen näherte. Am Zaun angekommen und gerade dabei, ein Foto von den Tieren zu machen, senkte das Männchen seinen Kopf in meine Richtung und tat blitzschnell einige wenige Sprünge in meine Richtung, um wenige Zentimeter vor dem Zaun, der uns trennte, zu stoppen. Es machte den Eindruck, als ob er es gar nicht gern mochte, dass sich jemand seiner tragenden Kuh näherte. Die Attacke wiederholte sich und ich sah, über welche Muskelkraft, Schnelligkeit und Eleganz diese Tiere verfügen. Mohammed wusste scheinbar um die vom Männchen vollführten Scheinattacken und grinste ein wenig, als wir wieder zurück ins Haus gingen. Eine weitere Runde Kaffee, die vom Angestellten Sri Lankinesen gereicht wurde. Dieser brachte auch während unserer Gespräche immer wieder frische Getränke, säuberte Tassen und erkundigte sich permanent, ob alles in Ordnung wäre. Nach einer Weile war es an der Zeit, dass wir uns bei unseren Gastgebern für die Informationen, Erzählungen und ihre wundervolle Gastfreundschaft bedankten, um zurück in unser Hotel zu fahren. Gleichzeitig mit uns brachen eine Handvoll der Männer auf, um mit ihren vollbeladenen Pick Ups frische Gräser zu den Oryx ins Reservat zu bringen.

Die langsam am Horizont versinkende Sonne warf ein warmes, weiches Licht und kurz vor Liwa sahen wir ein Camp mit Kamelen direkt neben der Straße. Es rief regelrecht danach, in diesem speziellen Licht fotografiert werden zu wollen.

Wir parkten den Wagen neben der Straße und ich trat an den Zaun, um ein paar Fotos zu machen. Währenddessen kam aus einem der Zelte ein Mann und band sich ein Tuch um den Kopf, während er gleichzeitig in meine Richtung schaute. Ich versuchte, ihn über die etwa fünfzig Meter Entfernung mit gestikulieren zu fragen, ob er mit den Fotos einverstanden wäre. Der Mann machte eine Bewegung mit den Armen, die ich als ein „Ja" verstand und so begann ich zu fotografieren. Der Araber verschwand in einem anderen Zelt, kam nach kurzer Zeit mit einer Schüssel in der Hand wieder heraus und auf mich zu. Ist es das, was ich vermute, ging es mir durch den Kopf, während er nur noch wenige Meter von mir entfernt war. Ich lag richtig, denn als er den Zaun erreichte und die Schüssel darüber hinweg in meine Hände gab, sah ich die Kamelmilch darin schwappen. Er machte eine Geste, die mir bedeutete, dass ich ruhig einen kräftigen Schluck nehmen solle, was ich auch tat. Gleichzeitig hatte ich noch die Worte von Hamid am ersten Tag im Kopf: „Seid vorsichtig, wenn Ihr Kamelmilch trinkt. Ihr seid nicht daran gewöhnt und es kann leicht sein, dass Ihr den Rest des Tages auf dem Örtchen verbringt."

Die Kamelmilch schmeckte deutlich fettiger als unsere Kuhmilch aus dem Supermarkt, ein wenig salzig, durchaus interessant. Ich wollte es nicht übertreiben und die Schüssel über den Zaun zurückgeben, als mein Gegenüber auf das Auto deutete und mir klarmachte, dass auch D. etwas von der Kamelmilch trinken solle. Also ging ich hinüber zum Wagen, gab D. die Schüssel und erinnerte sie an die Worte Hamids, bevor sie trank und ich die Schüssel wieder zum Zaun brachte. Die von uns getrunkene Kamelmilch, falls es den ein oder anderen Leser interessieren sollte, führte bei uns nicht zu den möglichen Konsequenzen.

Während wir in einzelne Pflanzungen und Plantagen der Liwa Oase fuhren, hatten wir immer wieder hölzerne, selbst gebaute Leitern an einigen der Dattelpalmen stehen sehen. Uns war klar, dass sie von den Bauern dazu benutzt wurden, auf die Palmen zu klettern und sie zu bestäuben. Denn es gibt sowohl männliche, als auch weibliche Dattelpalmen und um Früchte zu erhalten, mussten die weiblichen Dattelpalmen künstlich befruchtet werden. Indessen hatten wir in der ganzen Zeit niemanden auf einer der Leitern stehen oder zwischen den Palmen arbeiten sehen, den wir dazu hätten befragen können. Gern hätten wir gewusst, wie es denn nun genau funktioniert mit dieser Methode der künstlichen Befruchtung bei Dattelpalmen.

Wie so oft auf unserer Reise sollte auch hier der Zufall eine hilfreiche Rolle spielen, um unsere Neugierde zu befriedigen. Es war später Nachmittag und wir auf dem Weg nach Madinat Zayed. Wie jedes Mal, wenn ich auf der arabischen Halbinsel bin, wollte ich zum Frisör, anschließend hatten wir vor, zu Abend zu essen. Wer in Deutschland schon einmal bei einem türkischen Frisör war, der wird ahnen, wie es bei arabischen Berufskollegen zugeht. Schneiden, föhnen, legen ist nicht so deren Stil, sondern da wird die Rasur mit dem extrem scharfen Messer durchgeführt, präzise und detailliert alle Haare zu entfernt, und zusätzlich arbeiten die Herren mit einem Faden, den sie zwischen Fingern und Zähnen führen, um auch das letzte Barthaar zu erwischen. Darüber hinaus kommt dann noch ein überdimensional großer, brennender Q-Tipp zum Einsatz. Was sich hier etwas martialisch anhört ist halb so schlimm, sorgt aber für erstklassige Ergebnisse und man sollte es auf jeden Fall einmal ausprobieren.

Gut gelaunt und über die Erlebnisse der letzten Tage sprechend, befanden wir uns auf dem Weg nach Madinat Zayed, als ich etwa zehn Meter abseits der Straße ein Auto stehen sah. In der Nähe liefen zwei Männer, die sich unter einer der vielen Dattelpalmen zu schaffen machten. Wenn auch wie eine Autobahn ausgebaut, so kann man jederzeit von der asphaltierten Bahn direkt in das Umland abbiegen, was ich auch umgehend tat, um dicht neben dem parkenden Auto anzuhalten. Wir stiegen aus dem Wagen und gingen auf die beiden Männer zu. Einer der beiden hielt irgendwelche Pflanzenteile in seiner Hand und war mit einer weißen Dishdasha gekleidet. Der andere Mann, scheinbar sein Helfer, trug die typische Kleidung eines Pakistani und hielt eine kurze Sichel in seiner Hand. Beide wirkten etwas verwundert, als wir uns ihnen näherten.

Nach einer kurzen Begrüßung und Aufklärung für den Grund unseres Besuches, passierte das, Sie ahnen es schon, was immer passiert: Der Emirati war entzückt, dass sich jemand für seine Tätigkeit interessierte und begann, uns über die Geheimnisse und Tricks der Dattelpalmenbefruchtung aufzuklären. Denn Dattelpalmen sind in Abu Dhabi nicht einfach nur Bäume, von denen man Früchte für den Verkauf und Verzehr erntet. Dattelpalmen sind für die Menschen auf der arabischen Halbinsel weitaus mehr. Aus den langen Zweigen wurden Hütten gebaut, man nutzte das Holz und die faserigen Stämme und die Früchte selbst waren mit ihrem hohen Zuckergehalt ein wichtiges Nahrungsmittel. Als wir vor einigen Tagen die Kamelrennbahn und die Rennkamelfarmen besuchten, stand an deren Eingang ein kleiner Laster, vollbeladen mit Datteln aller Art: getrocknete Datteln in der Fünf-Kilo-Stiege, eingeschweißte Dattel entkernt, Dattelmus, Datteln im kleinen Geschenkkarton, you name it...

„Die Dattelpalme mag einen heißen Kopf und kühle Füße" war ein Spruch, den wir häufiger in den Emiraten hören konnten. Dabei benötigt jede Palme etwa zwanzig Liter Wasser pro Tag, was insbesondere dort, wo es kein traditionelles Bewässerungssystem wie in den Oasen gibt, eine Herausforderung darstellt. So etwa wie hier entlang der Straße nach Madinat Zayed. Welche Bedeutung und Wertschätzung die Bäume bei den Beduinen hatten, beschreibt Thesiger in seinem Buch. Nachdem er am Lagerfeuer in der Wüste einen Dattelkern ins Feuer geworfen hatte, wurde er von einem seiner arabischen Begleiter wieder aus den Flammen herausgeholt. Die Begeisterung für Datteln und deren Wertschätzung hat bis zum heutigen Tage nicht nachgelassen. In Liwa gibt es dafür ein alljährliches Dattelfestival. Dazu kommen Bauern mit ihren Früchten in den Ort. Auf Auktionen rund um das Festival werden teilweise absurd hohe Preise für die besten Datteln gezahlt. Um diese allerdings erst einmal zu ernten und dann auf dem Markt anzubieten, braucht es ein wenig Arbeit vorweg.

Hamed erklärte uns, dass auf einen männlichen Dattelbaum etwa dreißig bis fünfzig weibliche Palmen kommen. Eine Bestäubung durch Wind oder Insekten findet so gut wie nicht statt und deswegen war er mit seinem Helfer dabei, bei den Bäumen nachzuhelfen. Die Bäume blühen im Februar und er schneidet zunächst die männlichen Pollenstände vom Baum, bringt sie auf seine Farm, wo er sie vorsichtig öffnet und in einem trockenen und warmen Raum für ein paar Tage aufbewahrt. Die männlichen Pollen sehen aus wie ein Fächer, der in einer circa zwanzig bis dreißig Zentimeter großen, länglichen Kapsel steckt. In seinem Kofferraum hatte Hamed bereits einige dieser Exemplare zu liegen. Er ging mit uns zu seinem Wagen und zeigte uns stolz die wertvolle Fracht.

Nachdem die Pollenstände ein wenig abgetrocknet sind, geht es wieder hinaus, diesmal zu den weiblichen Bäumen, deren Blütenstände bereits ausgebildet und zu sehen sind. Für die Befruchtung, erklärte uns Hamed, nimmt er einige der männlichen Pollenstiele und bringt sie vorsichtig in die Mitte der weiblichen Blütenstände. Noch während er erklärte, machte er uns vor, wie das praktisch aussieht, band ein längliches Palmenblatt um die weiblichen Blütenstände, so dass diese den männlichen Pollen in ihrer Mitte hatten.
„Jetzt tippt man das Ganze noch ein wenig mit den Fingern an, damit schon einmal ein paar der Pollen herumfliegen. Und den Rest erledigt der Wind in den nächsten Tagen."
Hamed verstand sein Business und konnte darüber hinaus noch wunderbar anschaulich erklären.
„Diese Palmen hier sind noch relativ junge Pflanzen, so etwa fünfzehn Jahre alt. Den richtigen Ertrag", erzählte er uns, „bringen Dattelpalmen im Alter von etwa dreißig bis einhundert Jahren. Da kann die Ernte schon einmal bis zu zwei Zentner pro Baum betragen."
„Wenn Ihr etwas Köstliches essen möchtet, dann probiert doch einmal Lammhackbällchen mit Ingwer und Minze, dazu frische Datteln und Reis", sagte Hamed.
„Was sind das eigentlich für Sträucher, die hier zwischen den Dattelpalmen stehen?", fragte D. unseren Dattelprofi. Hamed erklärte, dass es ich um einen Busch mit dem Namen Sider handele. Ich muss dazu sagen, dass ich im Anschluss an die Reise sowohl nach diesem Busch, als auch nach den Früchten recherchiert habe, die wir zum Abschied von den Stadt-Bedus geschenkt bekamen. Die sogenannten Neebak-Früchte von den Stadt-Bedus sind zwar gelegentlich auf kleinen Märkten in Abu Dhabi zu bekommen, es scheint sich jedoch wie bei den Sider- Büschen um lokale Pflanzen zu handeln, über die nichts in Erfahrung zu bringen ist.

Die Früchte des Sider-Busches, so erklärte Hamed, seien sehr lecker und schmecken bereits, wenn die Früchte noch gelb sind. Später verfärben sie sich rot und bringen dann ein noch wesentlich volleres Aroma hervor. Er pflückte einige der etwa kirschgroßen, noch gelben Früchte, wusch sie mit Wasser ab und gab sie uns zum Kosten. Gutes Aroma, vom Gefühl beim Reinbeißen vergleichbar mit einer etwas festeren Bauernpflaume und wenn die Kirschenpreise in Deutschland weiter steigen, fliege ich alternativ zum Sider-Essen nach Abu Dhabi.

Jetzt aber war es an der Zeit nach Madinat Zayed zu fahren, den Frisör und das Abendessen zu genießen.

Irgendwann, die Reise kann noch so interessant und entspannend sein, geht es wieder zurück nach Hause. Wir hatten vor, in Abu Dhabi Stadt in aller Ruhe die Sheikh Zayed Grand Moschee zu besuchen, anschließend irgendwo zu Abend zu essen und dann rechtzeitig zum Flughafen zu fahren. Auf der Rückfahrt wollten wir nicht der eigentlichen Straße aus Liwa über Madinat Zayed zur Autobahn folgen, sondern bereits vorher, in Madinat Zayed abbiegen und eine eher kleinere Straße bis zur Autobahn nehmen. Ich hatte diese Straße auf meiner ersten Fahrt nach Liwa genutzt und wusste, wie man sie erreicht, denn die Strecke war nicht ausgeschildert. Dazu fuhren wir in Madinat Zayed durch ein Industriegebiet, hinter dem sich unmittelbar ein Kamelmarkt anschloss. Wir wollten sehen, ob er mit dem in Al Ain vergleichbar war. In Al Ain hatte man den alten Kamelmarkt gleich gegenüber dem Grenzübergang nach Buraimi an einen Ort etwas außerhalb der Stadt verlagert und mit völlig neuen Gebäuden ausgestattet. Die Tiere dort wurden unter besten Bedingungen gehalten. Bereits ein kurzer Blick beim Näherkommen machte uns klar, dass beide Kamelmärkte nicht miteinander vergleichbar waren. Vielmehr hatten wir den Eindruck, dass die Tiere unter teils unangemessenen Zuständen gehalten wurden. Je weiter wir in den Markt hineinfuhren, desto stärker wurde dies sichtbar. Nicht wenige der Tiere schienen krank, einige lagen fast unbeweglich am Boden und das Ganze machte einen mehr als traurigen Eindruck. Als wir versuchten Fotos zu machen, erschien es uns ratsam, dies aus dem Auto heraus zu tun und recht schnell wieder zu verschwinden.

Die Landstraße zur Autobahn führte dann erneut durch endlosen, weiten Sand. Gegenverkehr gab es nicht, bis wir an eine Kreuzung irgendwo in der Mitte von Nirgendwo kamen.

Entgegenkommende Fahrzeuge, und das waren jede Menge, bogen dort ab, ohne dass wir Hinweise auf eine Ortschaft sahen. Auf der weiteren Strecke bis zur Autobahn kamen uns dann in endloser Kolonne und mit halsbrecherischer Geschwindigkeit SUV's entgegen, die sich teilweise abenteuerlich überholten. Ein späterer Blick auf die Karte gab uns die Erklärung. Bei den tollkühn verwegenen Fahrern handelte es sich nicht um versprengte Teilnehmer einer Wüstenrallye, sondern anscheinend um Militärangehörige, die auf dem Rückweg zu ihrem in der Wüste gelegenen Stützpunkt „Liwa Camp" waren. An einem Straßenschild, das kurz vor der Autobahn nach Abu Dhabi in unserer Gegenrichtung montiert war, konnten wir sehen, dass diese Straße für Leute wie uns eigentlich auch gesperrt gewesen wäre. Ob aus Sicherheitsgründen wegen des Armeestützpunktes oder aus Sicherheitsbedenken wegen der Fahrweise seiner Bewohner wurde nicht klar.

Vielleicht um sich von den entgegenkommenden Fahrzeugen abzulenken, vielleicht auch nur, weil es nicht mehr weit nach Abu Dhabi war, fragte mich D.: „Weißt Du eigentlich, wie Abu Dhabi zu seinem Namen kam?"

„Keine Ahnung."

„Beduinen waren auf der Jagd und verfolgten eine Antilope über drei Tage hinweg. Am Morgen des dritten Tages sahen sie die Gazelle aus einer Frischwasserquelle trinken. Das war der Ausgangspunkt für die Besiedlung der Inseln vor der Küste. Und übrigens heißt Abu Dhabi übersetzt ‚Vater der Gazelle'."

Vor uns lagen jetzt noch einmal rund einhundert Kilometer Autobahn und an der Auffahrt waren Polizisten gerade dabei, eine mobile Geschwindigkeitskontrolle aufzubauen.

Verständlich, denn die gut ausgebaute Autobahn würde weitaus höhere Geschwindigkeiten rechtfertigen, als die offiziell erlaubten 120 km/h. Wir hielten uns an die Höchstgeschwindigkeit, schon deshalb, weil sonst das nervige Piepen wieder einsetzen würde. Während wir darüber diskutierten, wie man bestimmte Redewendungen im Arabischen richtig ausspricht, sahen wir auf der Fahrspur links von uns ein Kamel überholen. Vielmehr war es ein Pick Up, der auf seiner Ladefläche ein Kamel festgezurrt hatte. Das Kamel schien die Fahrt zu genießen, steckte gelegentlich seine Nase in den Fahrtwind und beobachtete ansonsten die anderen Autofahrer, die es überholte.

Nach etlichen Tagen in der Wüste mussten wir uns an den kurz vor Abu Dhabi stetig zunehmenden Verkehr erst einmal wieder gewöhnen. Das taten wir dann auch richtig und ausgiebig. Im ersten Stau seit langem.
Und auf der Al Maqta Brücke, die wir im Schritttempo überqueren, lag sie dann auch schon links vor uns: Die Scheich Zayed Grand Moschee. Jetzt nur noch die richtige Abfahrt und dann die Einfahrt zu den Parkplätzen finden, was dank der vorhandenen brillanten Ausschilderung kein Problem war. Am Eingang zur Moschee gab es die heute scheinbar überall notwendigen Sicherheitskontrollen. Erst einmal alles aus den Taschen holen und Kontrolle wie auf dem Airport. Frauen bekamen hinter der Sicherheitskontrolle ein einfaches braunes Gewand mit Kapuze.
Die Moschee, erbaut zwischen 1996 und 2007, wirkt auf den ersten Blick riesig. Ja, um es gleich vorwegzunehmen, mit ihren Ausmaßen von 420 mal 290 Metern ist sie das auch. Scheich Zayed, der auf dem Gelände der Anlage begraben liegt, hat bei dieser Moschee, in der bis zu 40.000 Gläubige gleichzeitig beten können, an nichts gespart.

Ein Teppich aus dem Iran, der etwa 35 Tonnen wiegt und in zwei Teilen geliefert werden musste, Kronleuchter mit zehn Metern Durchmesser, hergestellt in Deutschland und jede Menge Marmor, Mosaiken, Gold und Halbedelsteine. Jeder Versuch, dieses monumentale Bauwerk zu beschreiben, würde aufgrund seiner vielen Details und des Ausmaßes fehlschlagen. Die Moschee ist nah am Meer gebaut, denn Abu Dhabi ist eine Insel. Im Inneren der Moschee gibt es Säulen in der Form von Palmen, wie es sie in der Wüste gibt. Bei der Ausstattung der Moschee ging es Scheich Zayed darum, zwei Kulturen miteinander zu verbinden: Die Kultur der Beduinen aus der Wüste mit der Kultur der Menschen, die am Wasser leben. Gleichzeitig soll das Bauwerk die kulturelle Vielfalt der gesamten muslimischen Welt vereinen und widerspiegeln und Menschen aus aller Welt Gelegenheit geben, die Moschee zu besuchen und dabei zu lernen, was der Islam bedeutet.

Um den Bau zu erfassen, muss man ihn sehen und begehen. Dazu gibt es jeden Tag die Möglichkeit und trotz der vielen Besucher kommt kein Gedränge auf. Vor Betreten der eigentlichen Moschee heißt es Schuhe ausziehen und in Regale stellen. Zur Besichtigung kann man sich entweder Führungen anschließen oder selbst auf Entdeckungsreise innerhalb des imposanten weißen Bauwerkes gehen. Allein der Innenhof mit seinen floralen Mosaiken auf 17.000 Quadratmetern verschlug uns die Sprache. Der 5600 Quadratmeter große Teppich in der Hauptgebetshalle, von deren Decke fünfzehn Meter hohe Kronleuchter majestätisch herabhängen, ist nicht weniger spektakulär. 500 Millionen Euro Baukosten für die größte Moschee in den Emiraten, ohne dabei protzig zu wirken.

D. und ich waren uns einig, dass es in Abu Dhabi eine ganze Reihe von Plätzen, Museen, historischen Gebäuden und Malls zu sehen gibt, ein Besuch der Scheich Zayed Grand Moschee jedoch ganz oben auf der Liste der Sehenswürdigkeiten stehen sollte.

Nach dem Besuch der Scheich Zayed Grand Moschee blieb uns nur noch der untergehenden Sonne entgegen, in die Stadt zu fahren und in einem guten Restaurant zu Abend zu essen, bevor wir uns mit einer Träne im Auge auf den Weg zum Airport machen mussten.

**Ein kleiner Überblick zur jüngeren Geschichte -
Abu Dhabi für alle Zahlenbegeisterten**

| | |
|---|---|
| **1793** | Verlegung der Basis des Stammes der Bani Yas von Liwa nach Abu Dhabi |
| **1819** | Briten zerstören fast sämtliche Schiffe an der Piratenküste |
| **1835** | Friedensabkommen zwischen den Scheichs der einzelnen Emirate und den Briten – die sog. Trucial States (auch Trucial Coast) entstehen |
| **1850-1909** | Scheich Zayed bin Khalifa regiert Abu Dhabi |
| **ab 1870** | Flucht vieler Araber aus Persien nach Dubai |
| **1903** | erste Ölkonzession ging an Turkish Petroleum Company auf dem Gebiet des heutigen Iraks |
| **1927** | amerikanische BAPCO erhält Ölkonzession in Bahrain |
| **1928** | Scheich Shakhbut übernimmt die Herrschaft in Abu Dhabi, nachdem es vorher einige blutige Zwischenfälle mit Führungswechsel im Herrscherhaus gab |
| **1930er** | Zusammenbruch der Perlenindustrie am Golf |
| **1937** | Emirat Dubai erteilt erste Ölkonzessionen |

| | |
|---|---|
| **1936** | Beginn des Palastbaus in Abu Dhabi |
| **1939** | Abu Dhabi folgt den anderen Emiraten und vergibt ebenfalls eine erste Ölkonzession |
| **1948** | Wilfred Thesiger betritt als erster Europäer die Liwa Oase nach Durchquerung des Leeren Viertels, der Rub Al Khali |
| **1949** | erste Erprobungsbohrungen in der Wüste von Abu Dhabi, die Quelle ist nach einem Jahr wieder trocken |
| | Saudi-Arabische Truppen besetzen Teile von Al Ain |
| **1950** | nur noch 1500 Menschen leben in Abu Dhabi, zu Beginn des Jahrhunderts waren es noch schätzungsweise 3000 |
| **1955** | Briten setzen einen politischen Offizier in Abu Dhabi ein, der dem britischen politischen Agenten in Dubai berichtet |
| | die Trucial Omani Scouts vertreiben den saudischen Repräsentanten und saudische Soldaten aus Al Ain |

| | |
|---|---|
| **1959** | Abu Dhabi (Stadt) wird überflutet erste nichtreligiöse Schule wird in Abu Dhabi eröffnet |
| | auf Das Island wird mit der Erdölförderung begonnen |
| **1960** | Briten eröffnen eine Schule für Ölindustriearbeiter in Abu Dhabi |
| **1961** | ein politischer Agent wird von den Briten in Abu Dhabi eingesetzt |
| | Flughafen (Flugverbindung nach Sharja und Bahrain), Meerwasserentsalzungsanlage und erstes Telegrafenamt in Abu Dhabi eröffnet |
| | Eröffnung einer Missions-Station zur medizinischen Versorgung in Al Ain |
| **1962** | Pockenepidemie in Dubai, Briten lassen von zwei medizinischen Hilfskräften die Bevölkerung in Abu Dhabi und Al Ain impfen und gleichzeitig eine „Volkszählung" durchführen, die Menschen in Liwa werden nicht geimpft |
| | die Schule in Abu Dhabi erhält zehn Lehrer aus Jordanien und Palästina |
| | erster Ölexport von Das Island nach Europa |
| | erstes Hotel wird in Abu Dhabi eröffnet |

| | |
|---|---|
| **1963** | Ölfeld Bab auf dem Festland exportiert erstes Öl nach Europa |
| **1966** | Scheich Zayed übernimmt nach „Rücksprache" mit Familienmitgliedern die Regierungsgeschäfte von seinem ältesten Bruder Scheich Shakhbut und beginnt mit dem Umbau der Verwaltung und Ausbau der Infrastruktur Abu Dhabis |
| **1967** | erstes Krankenhaus in Abu Dhabi |
| **1971** | Briten ziehen sich aus den Emiraten zurück, am 02. Dezember des Jahres Gründung der Vereinigten Arabischen Emirate (VAE) nach langwierigen Verhandlungen zwischen den einzelnen Emiraten unter der Führung von Scheich Zayed, der auch der erste Präsident der VAE wird |
| **2004** | Scheich Zayed stirbt am 02. November, sein Sohn Khalifa bin Zayed Al Nahyan übernimmt die Regierungsgeschäfte in Abu Dhabi und wird zum Präsidenten der VAE gewählt |

**Danke!**

Es war eine aufregende und spannende Zeit in der Liwa Oase und in Abu Dhabi. Wir haben auf dieser Reise eine Menge über die Geschichte, die Kultur und das Leben der Beduinen und Menschen in Abu Dhabi gelernt. Wir haben etliche Kaffee und Tee getrunken, stundenlange und dabei sehr angenehme Gespräche geführt, nette, aufrichtige und lebensbejahende sowie gastfreundliche Menschen getroffen. Keine Minute war verschenkt.

**Ein ganz besonderer Dank an**

**Scheich Zayed bin Sultan Al Nahyan**
**Scheich Khalifa bin Zayed Al Nahyan**

**und**
**Wilfred Thesiger für die Inspiration**

**sowie**
all diejenigen, die wir in Liwa getroffen und mit denen wir eine brillante Zeit verbracht haben

**und darüber hinaus**
den Einwohnern Abu Dhabis, die mit ihrer unermüdlichen und schweren Arbeit sowie ihrem grenzenlosen Enthusiasmus und Optimismus erst ein solch phantastisches Land geschaffen haben.

*die im Buch vorkommenden Namen habe ich geändert, soweit es mir dies aus Gründen des Persönlichkeitsschutzes notwendig erschien

**Literatur**

Ptolemäus, Karte von Arabien
www.iandavidmorris.com/wp-content/uploads/2017/03/Ptolemy's-map-Brill.jpg

O`Shea, Raymond, The Sand Kings of Oman, London 1947

Thesiger, Wilfred, Die Brunnen der Wüste, München, 2013

Philby, Harry St John Bridger, Arabia of the Wahhabis, 2008, New York, 2008

Thomas, Bertram, Arabia Felix, London, 1932


zusätzlich zahlreiche andere Quellen in verschiedenen Medien wie Zeitungen, Zeitschriften, Journalen etc. sowie im Internet, u.a. auf YouTube

**Haftungsausschluss**

Der Inhalt dieses eBooks/Buches wurde mit großer Sorgfalt geprüft und erstellt. Für die Vollständigkeit, Richtigkeit und Aktualität der Inhalte kann jedoch keine Garantie oder Gewähr übernommen werden. Der Inhalt dieses eBooks/Buches repräsentiert teilweise die persönliche Erfahrung und Meinung des Autors. Die Aussagen, Meinungen, Ansichten und Berichte der interviewten Personen sind nicht die des Autors und/oder des Herausgebers dieses Buches. Vielmehr sind es die Meinungen, Ansichten, Berichte der interviewten Personen, die der Autor nicht auf seine Richtigkeit überprüft hat. Der Autor und/oder der Herausgeber übernehmen daher keine Haftung für deren Richtigkeit. Der Inhalt des vorliegenden Buches sollte nicht mit einer Anleitung und/oder Aufforderung dazu verwechselt werden, sich Gefahren auf Reisen auszusetzen oder Dinge bzw. Handlungen, wie vom Autor beschrieben nachzumachen. Es wird keine juristische Verantwortung und/oder Haftung für Schäden übernommen, die Reisen, Expedition o.ä. des Lesers entstehen. Es kann auch keine Garantie für Erfolg etwaiger Reisen, Urlaube oder Expeditionen übernommen werden. Der Autor und/oder der Herausgeber übernehmen daher keine Verantwortung für das Nicht-Erreichen der im Buch beschriebenen Ziele und/oder für Taten, die sich auf das Buch oder seine beschriebenen Inhalte beziehen. Dieses eBook/Buch enthält Links zu anderen Webseiten. Auf den Inhalt dieser Webseiten haben wir keinen Einfluss. Deshalb kann auf diesen Inhalt auch keine Gewähr übernommen werden. Die verlinkten Seiten wurden zum Zeitpunkt der Verlinkung auf mögliche Rechtsverstöße überprüft. Für die Inhalte der verlinkten Seiten ist aber der jeweilige Anbieter oder Betreiber der

Seiten verantwortlich. Rechtswidrige Inhalte konnten zum Zeitpunkt der Verlinkung nicht festgestellt werden.

**STECKANDOSE.COM und der Autor sagen Danke, dass Sie dieses Buch gekauft haben.**

Wenn es Ihnen gefallen hat, geben Sie gern eine Bewertung auf Amazon zum Buch ab.

Auf den folgenden Seiten empfehlen wir Ihnen mit Vergnügen weitere Bücher zum Thema Entspannung und Spaß sowie Unterhaltung und Lernen für Kinder.

## Unsere Empfehlung für Spaß und Entspannung

Nix los? Du willst keinen sehen? Du brauchst mal Zeit für Dich?
Willst zur Ruhe kommen, abschalten, kreativ sein oder einfach mal nicht nachdenken müssen? Dann mach doch endlich einfach mal ein **DATE MIT DIR** selbst.
Dieses Buch hilft Dir dabei.
Wer loslässt hat die Hände frei! Einfach mal loslassen, einfach machen. Nur mit Dir selbst verabredet zu sein und Spaß haben.
Klingt verrückt, ist aber so... Viel Spaß!

Gemeinsam mit Dr. Albert van Newton, dem bekannten Gehirnforscher und Psychologen, haben wir dieses Buch entwickelt, um Dir beim Abschalten, Loslassen und neu Durchstarten zu helfen.

## Dr. Albert van Newton, Heute hast Du ein Date mit Dir

# Der nackte Tiger

Dörthe Müller

## Bücher für Kinder zur Unterhaltung, zum Lesen und Malen

Auch kleine Tiger können allein sein und frieren. Und weil diese Situation dem kleinen nackten Tiger nicht gefällt, macht er sich auf den Weg. Dabei findet er einen Freund, der ihm in einer kniffligen Situation zur Seite steht und ihm auf seinem weiteren Weg hilft, neue Freunde zu finden, Entdeckungen zu machen und zu verstehen, was Freundschaft ist.
Kinder lernen mit diesem Buch, was es heißt, trotz Unterschieden Gemeinsamkeiten zu entdecken, proaktiv hilfsbereit zu sein und gleichzeitig sich helfen zu lassen, durch Offenheit gemeinsam Probleme zu lösen und mit anderen freundschaftlich zu teilen, um gemeinsam Freude und Spaß zu haben. Jeder liebt die geheime Botschaft über Mut, Vertrauen und Zuversicht, was die Autorin so beschreibt: „Ich kann groß werden und lernen. Ich kann mir selbst vertrauen und mit Freunden gemeinsam die Welt entdecken."

Das Buch „Der nackte Tiger" besticht nicht zuletzt durch seine farbenfrohen collageartigen Illustrationen und seine versteckten Botschaften, die die Phantasie der Kinder anregen und lernen lassen. Gleichzeitig macht es den Eltern Spaß, wenn diese ihren Kindern das Buch vorlesen.

**Dörthe Müller**
**Der nackte Tiger**

Erhältlich auf Amazon als Taschenbuch und e-book
ISBN: 1976502527

„Der nackte Tiger" von Dörthe Müller auch als Malbücher

Dörthe Müller
Der nackte Tiger –
Das Malbuch zu meinem Lieblingskinderbuch

Erhältlich auf Amazon
Teil 1 - ISBN: 1982040394
Teil 2 - ISBN: 1983575712